복 있는 사람

오직 여호와의 율법을 즐거워하여 그 율법을 주야로 묵상하는 자로다.
저는 시냇가에 심은 나무가 시절을 좇아 과실을 맺으며 그 잎사귀가 마르지 아니함 같으니
그 행사가 다 형통하리로다. (시편 1:2-3)

본질과 내용의 회복을 간절히 필요로 하는 조국 교회에 「오늘을 위한 퓨리턴」 시리즈가 연속하여 출간된다는 소식을 들으니 너무나 감사하고 기쁘다. 전심으로 하나님을 사랑하고 그분의 말씀인 성경을 삶으로 살아내고 순종하려 했던 귀한 청교도들의 삶과 가르침은 오늘의 교회를 위한 귀한 길라잡이 역할을 할 것으로 믿어 의심치 않는다. 과거에 살았던 청교도들의 삶과 교훈은 다름 아닌 오늘 우리를 위한 것이므로 「오늘을 위한 퓨리턴」 시리즈를 적극적으로 추천하여 모두가 가까이하여 읽기를 기대한다.

화종부 남서울교회 담임목사

종교개혁은 외형적 제도의 개선이나 중세 신학의 비판에만 그치지 않고, 그리스도의 교회가 들은 복음의 참 의미와 적용을 회복할 때라야 이루어질 것이다. 리처드 십스가 선포한 요시야 왕의 개혁에 관한 네 편의 설교는 종교개혁 신학이 성경에서 다시 끌어낸 그리스도의 복음을 믿는 마음의 참된 상태를 일깨우고, 회개를 촉구하며, 죄로 인한 통곡을 가르치고, 성도가 누릴 영생의 약속을 확증해 준다. 이 책은 계속되는 개혁을 통한 영혼의 위로와 회복을 그리스도 안에서 전해 준다. 기쁨과 감사의 마음으로 추천한다.

김병훈 합동신학대학원대학교 조직신학 교수

"하늘의 의사"로 알려진 리처드 십스의 책은 영적 여정 가운데 나를 진정시키고 달래 주며 위로해 주고 격려해 준 확실한 치료책이었다.

마틴 로이드 존스

개혁

Richard Sibbes

Josiah's Reformation

개혁

리처드 십스 지음 · 윤종석 옮김

오늘을 위한 퓨리턴 **05**

복 있는 사람

개혁

2018년 3월 12일 초판 1쇄 발행
2018년 4월 27일 초판 2쇄 발행

지은이 리처드 십스
옮긴이 윤종석
펴낸이 박종현

도서출판 복 있는 사람
주소 서울특별시 마포구 연남동 246-21(성미산로23길 26-6)
전화 02-723-7183, 7734(영업·마케팅) 팩스 02-723-7184
이메일 blesspjh@hanmail.net
등록 1998년 1월 19일 제1-2280호

ISBN 978-89-6360-243-1 03230

이 도서의 국립중앙도서관 출판예정도서목록(CIP)은
서지정보유통지원시스템 홈페이지(http://seoji.nl.go.kr)와 국가자료공동목록시스템(http://www.nl.go.kr/kolisnet)에서 이용하실 수 있습니다. (CIP 제어번호: 2018004490)

Josiah's Reformation
by Richard Sibbes

Copyright © 2011 by The Banner of Truth Trust
by THE BANNER OF TRUTH TRUST, 3 Murrayfield Road, Edinburgh EH12 6EL, UK
P.O. Box 621, Carlisle, PA 17013, USA
All rights reserved.

This Korean translation edition © 2018 by The Blessed People Publishing Co.,
Seoul, Republic of Korea.
This Korean edition is published by arrangement of The Banner of Truth Trust
through rMaeng2, Seoul, Republic of Korea.

이 한국어판의 저작권은 알맹2 에이전시를 통하여 The Banner of Truth Trust와 독점 계약한
도서출판 복 있는 사람에 있습니다. 신저작권법에 의하여 한국 내에서 보호받는 저작물이므로
무단 전재와 무단 복제를 금합니다.

차례

해설의 글 008   서문 013

chapter 01. **연약한 마음**   023
chapter 02. **자신을 겸손하게 하는 덕**   059
chapter 03. **통곡의 덕**   095
chapter 04. **성도의 안식**   137

주 175

해설의 글 아직도 청교도를 읽다니!

청교도라는 이름은 많은 이들에게 호감을 주지는 않는다. 청교도 하면 숨 막힐 정도로 삶의 세부적인 부분까지 엄격한 윤리적인 잣대로 규제하는 도덕적인 결벽주의자, 인생의 모든 즐거움과 재미를 말살해 버리는 금욕주의자, 독선적이고 폭력적인 정죄와 비판을 일삼는 바리새인의 이미지를 떠올리는 이들이 적잖다. 이런 부정적인 선입관이 청교도의 진가를 발견하여 음미하는 길을 원천적으로 봉쇄한다.

그렇다면 왜 지금도 청교도를 읽어야 할까? 그것은 그들 안에 시대를 초월하는 영성의 보화가 듬뿍 담겨 있기 때문이다. 특별히 영적으로 어두운 시대에 더욱 영롱하게 빛날 보석들이 영적인 방향감각을 상실한 이들의 좌표가 되며 그들의 발걸음을 밝혀 주는 빛이 된다. 청교도 고전은 현재 우리의 영적인 상태가 어떤지, 우리가 서 있는 영적인 현주소가 어디인지를 보게 해준다. 그래서 비교의 대상이 없을 때 한없이 낮은 영적 수준에 안주했던 우리를 심히 불편하게 한다. 우리의 신앙이 얼마나 심각하게 성경적인 기준으로부터 하향 조정되었는지, 우리의 영성이 얼마나 얄팍하고 천박해졌는지, 그 뼈아픈 사실 앞에 무릎 꿇게 만든다. 본인도 젊은 날 리처드 백스터의 『참된 목자』*The Reformed Pastor*라는 책을 읽고 평생 지워지지 않은 강한 충격과 도전을 받았다. 그동안 당대의 어떤 책에서도 찾아볼 수 없었던 참된 목사의 선명한 기준을 처음으로 발견하였고, 그것이 지금까지 내가 추구해 온 목사상의 변함없는 척도가 되었다.

영적으로 암울한 시대의 비극은 우리를 선도해 줄 멘토, 우리에게 본이 될 만한 선생이 부재하다는 것이다. 만약 현시대에서 그런 영적 모범과 안내자를 찾을 수 없다면 과거에서 찾아야 한다. 우리는 동시대의 인물뿐 아니라 유구한 교회역사 속에 존재했던 수많은 영적 거장과 스승들과도 진리 안에서 시대를 초월한 성도의 교제를 누리는 특권을 소유하였다. 특별히 청교도들의 주옥같은 글은 우리를 지나간 시대의 위대한 영혼들과 교통하는 장으로 초대한다.

청교도운동은 16-17세기에 종교개혁의 정신과 원리를 가톨릭적 요소와 혼합하여 희석시키려는 엘리자베스 여왕의 중도주의에 대항하여 영국교회를 더 철저히 개혁하고 새롭게 하려던 운동이었다. 곧 종교개혁을 영국교회 안에 온전히 실현시켜 보려 했던 움직임이었다. 비록 청교도들 안에는 사상적인 다양성이 존재했지만 그들이 근본적으로 개혁주의 신학과 삶을 추구했다는 점에서는 일치한다고 볼 수 있다. 그들의 주된 관심은 교회개혁과 영적인 부흥 두 가지로 집약될 수 있다. 그들은 종교개혁이 단순히 이론과 교리로만이 아니라 교회의 제도와 직분과 실제 삶 속에서 구체적으로 실현되는 데 역점을 기울였다. 그래서 신학과 경건, 교리와 삶, 객관적인 진리와 주관적인 체험 사이의 긴밀한 연합을 추구하였다.

오늘날 한국교회가 안고 있는 근본 문제, 즉 신앙과 삶, 믿음과 행함, 교리와 체험 사이의 심각한 괴리를 극복하고 신앙의 균형을 회복하기 위해서 우리에게 그들의 가르침이 절실하게 필요하다. 청교도들은 바른 교리의 중요성을 강조했을 뿐 아니라, 그 교리에 부합한 경건과 영성에도 지대한 관심과 열심을 기울였다. 그들은 믿음으로 구원받은 것에 결코 안주하지 않고 하나님과의 더 깊고 풍성한 영적인 교통을 누리며 삶의 모든 영역에서 거룩하게 살려는 불타는 열정에 사로잡혔다. 그들에게 종교개혁의 칭의론은 성화의 중요성을 조금이라도 약화시키는 것이 아니라, 오히려 참된 경건과 거룩의 열정을 고취시키며 성화를 역동적으로 촉진하는 교리였다. 이런 청교도들의 신앙관은 오늘날 교회의 구원관이 얼마나 해괴하게 변질되었는지를 깨닫게 해준다. 한국교회에서는 종교개혁의 칭의론이 거룩함의 열매가 전혀 없어도 믿기만 하면 구원받는다는 식으로 곡해되었다. 그리하여 교인들의 나태와 방종을 조장하며 교회를 타락케 하는 교리로 남용되곤 한다. 이런 점에서도 한국교회가 청교도를 읽어야 할 이유가 분명해진다.

청교도 고전이 현대를 살아가는 영혼들에게 여전히 호소력이 있는 것은, 신학적인 깊이뿐 아니라 우리 모든 인생들이 공통적으로 겪는 실존적 고뇌와 아픔의 깊이를 고스란히 담아내는 메시지를 전달하기 때문일 것이다. 그들은 성경의 이상을 현실에 타협하지 않으면서도 이 땅의 엄연한 현실의 토양에 뿌리내린 영성을 전한다. 그들의 가르침은 편안한 신학의 상아탑에서 안일한 사색을 통해 나온 것이 아니라, 거친 세파에 부대끼며 모진 고난과 핍박과 유배의 상황에서 빚어진 작품이다. 청교도들이 자주 다룬 주제, "땅위의 천국"Heaven on earth이 시사하듯, 그들의 메시지는 아골 골짜기 같은 고통스러운 이 땅의 현실 속에 임하는 하늘의 영광스러운 세계를 증거함으로써 고난받는 이들에게 큰 위로를 안겨 준다. 청교도들은 신자의 폐부를 찔러 죄악을 드러내는 날카로운 외과의인 동시에 상한 갈대를 꺾지 않는 주님의 온유한 마음으로 상처 입고 병든 마음과 영혼을 섬세하고 자상하게 위로하고 싸매어 주는 따뜻한 치유자이기도 하다.

청교도의 깊고 풍성한 영성의 샘에서 조나단 에드워즈, 조지 윗필드, 찰스 스펄전, 마틴 로이드 존스를 비롯한 수많은 설교자들과 성도들이 생수를 마시고 영혼의 만족을 얻었으며, 앞으로 그들의 저서를 읽는 독자들에게도 이런 영적인 해갈과 부흥이 계속될 것이다. "오늘을 위한 퓨리턴"The Puritans for Today 시리즈는 놀랍고 두려운 하나님의 임재 의식과 이에 수반되는 심오한 죄의식에서 나오는 깊은 회개로 우리를 인도할 것이다. 동시에 영광스러운 구주의 은혜와 사랑을 전적으로 의존하는 믿음과, 죄에서 우리를 자유케 하는 복음의 능력에 대한 확신을 갖게 할 것이다. 더불어 거룩한 삶에 대한 갈망과 추구, 하나님 나라에 대한 강렬한 열정의 불꽃을 우리 마음에 불러일으키는 영적 부흥의 촉매제가 될 것이다.

박영돈
고려신학대학원 교의학 교수

서문

"하늘의 의사"라는 별명을 얻은 리처드 십스Richard Sibbes, 1577-1635는 하나님을 알아가는 일을 마냥 즐거워한 사람이다. 그가 누린 즐거움은 몇 세기가 지난 지금까지도 전염성이 있다. 그가 말한 살아 계신 하나님은 생명과 온기를 주시는 태양 같은 분이다. 그분은 "미물들에게 즐거이 자신의 빛과 영향력을 고루 나누어 주어 만물을 결실하게 하시는 분이다. 하나님은 그토록 선하신 분이다. 샘물이 선하고, 젖을 내는 젖가슴이 선하듯이 말이다."[1]

이처럼 하나님을 선하심과 사랑이 넘쳐흐르는 샘물로 알았기에 십스는 하나님을 닮은 더없이 매력적인 모범이 되었다. 그는 이렇게 말했다. "하나님의 영으로 인도함을 받는 사람들은 그분을 닮아 선한 사람들이다. 그들이 가진 선은 스스로 퍼져 나가 전달되고 확산되고자 한다."[2] 다시 말해 십스는 하나님의 사랑을 알고서 사랑이 많은 사람이 되었고, 하나님이 어떤 분인지 이해하고서 사람들의 마음을 끄는 다정한 설교자이자 작가로 변화되었다. 그는 평생 결혼하지 않았지만, 그의 생애를 보면 그는 따뜻하고 지속적인 우정을 가꾸는 능력이 아주 비범했다는 사실을 분명히 알 수 있다. 찰스 스펄전Charles Spurgeon은 후학들에게 이런 말을 한 적이 있다. 자신이 좋아하는 사역자는 그 얼굴에 "개 조심"이 아니라 "환영"이라고 적혀 있어, 얼굴만 봐도 친구하고 싶어지는 사람이라고 말이다. 이것은 십스에게 딱 어울리는 표현이다.

십스는 서퍽Suffolk의 작은 벽촌에서 수레바퀴를 만드는 집안에서 태어났다. 그는 젊은 나이에 영향력 있는 인물이 되었으나 처음에는 아무도 그것을 예측하지 못했다. 하지만 그의 출중한 실력은 얼마 지나지 않아 뚜렷하게 드러났다. 케임브리지에서 수월하게 공부를 마친 그는 불과 24세에 세인트존스 칼리지의 개인 지도교수가 되었다. 그는 총명하기도 했지만, 곧 능력 있는 설교자로 두각을 나타냈다. 얼마 후 그는 케임브리지 내 홀리트리니티 교회의 "강론자"로 임명되었고(그의 강론을 들으러 온 사람들이 워낙 많아 회중석을 증축해야 했다), 다시 몇 년 후에는 런던 법학원 중 하나인 그레이 법학원의 설교자로 임명되었다. 이후에 큰 영향력을 미칠 많은 청교도들이 그곳에서 그의 설교를 들었다.

본인의 고백처럼 그는 인간의 죄보다 그리스도의 은혜가 더 큼을 알았고, 그래서 매번 설교를 통해 청중의 마음을 얻어 그리스도께 인도하려 했다. 그가 사역자들의 특별한 임무로 믿은 것은 다음과 같다. "그들은 그리스도에게 간구하여 그분 안에 있는 모든 부요함과 아름다움과 존귀함과 사랑스러움을 열어 보인다."³ 그 결과 그의 설교는 매력이 넘쳤고, 힘들어하던 신자들은 그를 "달콤한 설교를 하는 사람"이나 "감미로움이 묻어나는 사람"으로 부르기 시작했다. 반면에 마음이 완고한 죄인들은 행여 그에게 넘어가 회심하지 않으려고 일부러 그를 피했다고 한다. 청중의 하나였던 험프리 밀스Humphrey Mills는 자신이 경험한 십스의 사역을 이렇게 기록했는데, 전형적 사례로 보아도 무방할 것이다.

나는 3년 동안 죄로 상처받았고 여러모로 타락한 내 모습에 마음이 무거웠다. 그래서 여러 설교를 따라다녔고, 은혜의 방편을 추구했고, 늘 의무를 다하는 식으로 천국을 구했다. 나는 또 외적인 형식을 아주 꼼꼼히 따졌다. 귀가 덮이도록 머리를 길게 기르거나, 목깃의 주름과 목 가리개를 거창하게 하거나, 유행을 따라 실없는 복장을 하는 사람들을 무조건 타락한 것으로 비난했다. 하지만 내 머릿속은 어지럽고 양심이 괴로워 자주 심히 울었다. 간절히 기도도 해보았지만, 위로받지 못했다.……그러다 감미로운 성자인 의사 십스의 설교를 듣게 되었다. 그의 사역으로 내 영혼은 평안과 기쁨에 젖었다. 영혼을 녹이는 그의 감미로운 복음 설교는 내 마음을 사로잡아 나는 크게 안식하였다. 그를 통해 나는 하나님을 많이 보고 누렸고, 그리스도 안에서 담대해졌으며, 세상에 초연할 수 있게 되었으며……내 마음은 견고하고 결연해졌으며, 내 모든 갈망은 천국을 향하게 되었다.4

1626년에 십스는 케임브리지 내 캐서린 홀의 학장으로 임명받아 생애의 마지막 10년 동안 그리스도 중심적 신학을 전파하는 데 상당한 영향을 미쳤다. 그는 전국적으로 교회의 가르치는 자리에 믿을 만한 청교도 설교자들을 배치하려 애썼다. 아울러 토머스 굿윈Thomas Goodwin, 존 코튼John Cotton, 제러마이어 버로즈Jeremiah Burroughs, 존 프레스턴John Preston, 필립 나이Philip Nye 같은 다수의 젊은 사역자들을 개인적으로 가르쳤다. 또한 그의 설교는 책으로도 출간되어 수많은 사람에게 영향을 미쳤다.

내가 책으로 처음 만난 청교도는 십스가 아니었지만(나는 존 오웬John Owen의 책부터 읽었다), 내 생각에 청교도들을 접하는 입문으로는 사실 십스가 최고다. 학창 시절에 『꺼져가는 심지와 상한 갈대의 회복』The Bruised Reed을 읽은 뒤로 십스는 내가 제일 좋아하는 작가가 되었다. 스펄전은 이렇게 썼다. "십스는 절대로 학생들의 시간을 낭비하지 않고 양손으로 진주와 다이아몬드를 뿌려 준다." 십스의 책을 읽는 것은 햇빛에 앉아 있는 것과 같다. 그는 우리 마음에 다가와 마음을 따뜻하게 하여 그리스도께 인도한다.

이 책은 본래 역대하 34:26-28을 본문으로 한 네 편의 연속 설교였다. 그 본문을 보면 요시야의 마음이 연약하고 겸손하

죄로 인해 통곡하였으므로 여호와께서 요시야의 말을 들으셨다고 한다.

첫 번째 설교인 "연약한 마음"은 나머지 세 편의 토대가 되는 설교일 뿐 아니라 십스의 신학 전체의 토대이다. 십스는 자신의 설교를 듣는 청중들의 피상적인 행동을 넘어서서 그들의 마음과 감정과 갈망을 다루고자 했다. 십스에게 이것은 부수적인 문제가 아니었고, 자신의 신학에 입히는 경건한 옷도 아니었다. 오히려 그는 마음을 다루는 일이야말로 종교개혁의 가장 심오한 통찰 중 하나를 유지하는 일이라 믿었다. 십스 자신도 개혁의 한 부분을 감당했다.

그의 설교에는 가톨릭 사제와 개신교 목사들이 자주 거론된다. 그들은 자신이 고백하는 신학이 무엇이든 관계없이, 하나님 앞에서 우리 문제의 뿌리가 마치 행동에 있는 것처럼 가르치는 사람들이다. 그동안 우리가 잘못된 행동을 했으므로 이제부터 올바른 행동을 하면 된다는 식이다. 십스는 그보다 훨씬 깊이 들어간다. 외형적인 죄의 행동은 단지 마음의 내적 갈망을 표출하는 것에 지나지 않음을 그는 알았다. 그 갈망을 다루지 않고 행동만 고치면 위선을 낳고, 악하고 냉랭한 마음을 자기 의라는 망토로 가리는 것이다. 십스에게는 그것이 늘 야단만 치는 잔인한 사역으로 보였을 것이다. 그것이 아니다, 마음으로부터 돌이켜야 한다. 그리스도를 향한 더 강한 갈망이 악한 갈망을 삼켜야 한다.

그래서 "연약한 마음"이라는 설교를 통해 십스는 가장 깊은 작업인 마음의 수술에 착수한다. 그의 설명에 따르면, 마음이 연약한 사람들, 즉 주님을 향하여 마음이 부드러운 사람들은 단순히 "구원"을 바라는 것이 아니라 구원의 주님, 그분을 갈망한다. 그렇게 마음에서 우러나 진실하게 주님을 사랑하는 사람만이 하나님의 벌을 단지 무서워하는 게 아니라 참으로 죄를 미워할 수 있다. 이 모든 것을 통해 십스는 부드러운 마음이 얼마나 아름답고 순결하고 바람직한지 보여준다. 반면에 위선에 대해서는 솔직하고 친절하게도 그 위에 뜨거운 숯불을 쌓아 올린다. 그리하여 우리의 완고한(단단한) 마음이 얼마나 비참한 것인지 느끼며 통곡하게 한다.

이처럼 마음에 대한 갈망을 자극한 뒤에 그는 연약한 마음이 어떻게 될 수 있는지를 제시한다.

> 연약한 마음은 그리스도의 연약함과 사랑을 깨달음으로 이루어진다. 부드러운 마음은 그리스도의 피를 통해 부드러워진다(이 책 34쪽).

> 찬 물건을 불가로 가져가 덥히고 녹이듯이, **우리는 우리의 냉랭한 마음을 그리스도의 사랑의 불가로 가져간다**(이 책 53쪽).

> 이런 연약하고 여린 마음을 지니려면, [은혜의] **방편들을 활용하라.** 항상 복음의 햇빛 아래 있으라(이 책 54쪽).

십스는 거룩한 마음에서 우러나오는 따뜻함과 기쁨을 아름답게 표현했을 뿐 아니라 또한 더없이 중요한 요점 하나를 지적한다. 그것은 우리의 성화聖化도 처음 구원받을 때와 마찬가지로 그리스도를 믿는 믿음으로 말미암는다는 사실이다. 성령께서 나에게 그리스도를 계시하심으로, 하나님을 미워하던 내 마음의 본성을 돌이켜 하나님을 진심으로 사랑하게 하신다. 그것만이 내 마음을 연약하게 만들 수 있다. 십스는 토머스 굿윈에게 이런 말을 한 적이 있다. "젊은이여, 선을 행하려거든 그리스도 예수 안에 있는 하나님의 값없는 은혜와 복음을 전해야 한다네." 이것은 그의 뼛속 깊은 데서 우러난 말이었다. 그가 보았듯이 그리스도 예수 안에 있는 하나님의 값없는 은혜는 처음에 죄인들의 마음을 하나님께로 돌이키는 방편이자 또한 신자들의 마음이 죄를 사랑할 때마다 계속 돌이켜 하나님을 사랑하게 하는 방편이다.

  "연약한 마음"이라는 메시지가 오늘 우리에게 갖는 중요성은 아무리 강조해도 지나치지 않다. 우리는 분주한 활동 때문에 곧잘 위선에 빠진다. 거룩함의 모양은 다 갖추었지만, 거룩한 마음이 빠져 있다. 사역자들은 사람들에게 그런 공허한 기독교를 강요할 수 있고, 심지어 그리스도까지도 다른 사람들에게 건넬 선물 꾸러미로 오용할 수 있다. 하지만 사실은, 그분을 나 자신의 구주로 누리는 것이 먼저다. 요시야의 시대나 십스의 시대나 우리 시대나 참된 개혁은 그리스도를 향한 사랑이 있는 마음에서 시작되어야 한다. 예수 그리스도 안에 있는 하나님의 값없는 은혜가 전파될 때에 비로소 그런 일들이 일어난다.

"연약한 마음" 이후 두 편의 설교에서 십스는 그런 마음이 어떤 마음인지를 설명한다. "자신을 겸손하게 하는 덕"에서 십스는 연약한 마음과 겸손한 마음은 함께한다는 것을 보여준다. 겸손이란 헛되이 자신을 과소평가하려는 시도(이것은 자학적인 자아 집착이다)가 아니라, 연약한 마음의 필연적 결과이기 때문이다. 자아에 사로잡힌 완고한 마음은 교만하게 자신의 능력과 독립을 즐긴다. 하지만 주님께서 내 마음을 취하시고, 그분에게 더욱더 매료된다면, 나는 그분을 절대적으로 의지하며 즐거워하게 된다. 나의 공허함을 깨달은 사람은 하나님의 영광스러운 충만함을 사랑한다. 그래서 십스는 진심으로 겸손하려는 사람들에게 "하나님의 사랑 안에서 자라라"(이 책 87쪽)고 권면한다.

세 번째 설교인 "통곡의 덕"(그는 죄로 인한 통곡이란 뜻이라고 한다)에서 십스는 주님을 사랑하는 사람은 마음으로 죄를 미워하게 된다고 설명한다. 마음이 완고한 사람은 죄의 짐을 지고 있으면서도 그 무게를 느낄 줄 모른다. 따라서 위선자들은 죄가 자신의 평판에 해롭기 때문에 죄와 싸울 수는 있어도 참으로 죄를 미워하지는 않는다. 이번에도 십스의 관심은 죄로 인해 마음에서 우러나오는 통곡이었다.

겉모습은 지어내기도 쉽고 위선에 빠지기도 쉽다. 옷을 찢고 눈물을 짜내기는 쉽지만, 영혼으로 아파하기란 어려운 법이다. 인간의 마음은 가장 힘든 길을 버리고 가장 쉬운 길만 찾는다. 그러면서 하나님이 기뻐하실 줄로 안다. 하지만 그렇게 해서는 하나님을 섬길 수 없다. 그분은 내면의 사랑을 원하시며, 그렇지 않은 외적인 행동들은 미워하신다(이 책 99쪽).

십스가 너무 감상주의로 흐른다며 미심쩍게 보는 사람들이 간혹 있다. 마음에서 우러나오는 갈망, 주님을 향한 애정, 죄로 인한 눈물 따위에 대한 말이 너무 많다는 것이다. 이것은 정말 질질 짜는 기독교인가? 이런 비판자들에게 십스는 가장 혹독한 책망을 한다. 그에 따르면 주님을 그렇게 사랑하는 것은 나약한("여자 같은") 일이 아니다. 그것을 나약하다고 말하는 사람은 오히려 그 마음이 냉담하고 완고함을 드러낼 뿐이다. 이는 스스로 강해지려는 교만하고 믿음 없는 갈망일 뿐이다.

적절하게도 십스는 "성도의 안식"으로 전체의 결론을 맺는다. 연약한 마음을 지닌 사람이 간절히 바라는 상은 바로 자신이 그리스도께로 돌아가는 것이다!

리처드 십스는 종교개혁을 찬란히 비추던 횃불 중 하나였다. 그는 이 책에서 다루어진 쟁점들이 개혁 작업의 본질임을 알았다. 이 책을 통해 독자인 당신이 개혁될 뿐 아니라, 우리 시대의 개혁에도 더욱 박차가 가해지기를 바란다!

2011년 1월 옥스퍼드에서

마이클 리브스 Michael Reeves

※ **일러두기** 이 책의 성경 인용은 「개역개정」을 따랐다.

chapter **01.**

연약한 마음

> 너희를 보내어 여호와께 묻게 한 유다 왕에게는 너희가 이렇게 전하라. 이스라엘의 하나님 여호와께서 이같이 말씀하시기를 네가 들은 말을 의논하건대……네가 듣고 마음이 연약하여. 대하 34:26-27

이 말씀은 여선지자 훌다가 선한 왕 요시야에게 보낸 메시지의 일부다. 메시지가 요시야와 그의 백성에 관한 것이므로 훌다가 전한 답변도 정확히 요시야와 그의 백성 모두에게 해당한다. 백성과 관련된 부분은 본문 앞의 세 절에 나와 있고, 왕과 관련된 내용은 방금 읽은 말씀에 있다. "유다 왕에게는 너희가 이렇게 전하라." 보다시피 "이스라엘의 하나님 여호와께서 이같이 말씀하시기를"이라는 말이 선행되어 훌다의 메시지에 힘을 실어 준다. 따라서 이 본문에는 말씀하시는 하나님의 위엄에서 비롯된 더 큰 위력과 권능이 실려 있다. 왕의 말에도 권위가 있거늘 만왕의 왕이요 만군의 주이신 그분의 말씀은 얼마나 더하겠는가? 그래서 훌다는 지혜롭게 자신의 권위를 내려놓고 여호와의 이름으로 말한다.

알다시피 물은 그 색이 같다 해서 성질과 효능까지 같은 것은 아니다. 뜨거운 물은 여느 평범한 물과 색이 같지만, 효능이 더 뛰어나다. 마찬가지로 인간이 하는 말도 처음에는 다른 말들과 같아 보일 수 있다. 하지만 하나님의 영이 하시는 말씀은 놀랍도록 더 우월하며, 그 효력은 왕들의 마음에까지 미친다. 왕들이 아무리 떨쳐 버리려 애써도 하나님의 말씀이 그들을 구속拘束한다. 하나님의 말씀은 화살처럼 그들의 심장을 뚫는다. 구원의 화살일 수도 있고 저주의 화살일 수도 있다. 그래서 훌다는 왕에게 "이스라엘의 하나님 여호와께서 이같이 말씀하시기를 네가 들은 말을 의논하건대"라고 말한다.

성경에 보면 요시야는 마음이 정직한 사람이요 여호와 보시기에 바르게 행했다고 한다. 그래서 하나님은 그에게도 정직하고도 바르게 대하셨다. 요시야는 자기와 자기 백성에게 선포된 두려운 심판에 대해 확실히 알고 싶어 여호와의 여선지자인 훌다에게 사람을 보냈다. 그 결과 충분한 답변을 듣고 자기와 자기 백성에 관한 여호와의 뜻을 알게 되었다. 그분은 유비무환을 말씀하시며, 지금이라도 그들이 여호와께 돌아오면 엄중한 진노를 피할 수 있다고 하셨다. 정직한 사람이 여쭙자 하나님은 그에게 바르고도 충분한 대답을 하셨다. 그분의 말씀에서 우리가 배울 수 있는 교훈이 있다.

원리 1. 은혜의 하나님은 각자에게 맞는 선지자를 보내시고 마음이 정직한 백성에게 합당한 말씀을 주신다. 우리가 하나님의 뜻을 진정으로 알고자 한다면 그분은 진실한 선지자들을 보내 정확히 대답하신다. 우리의 정욕을 따라 답하시는 게 아니라 우리의 유익을 위해 답하신다. 요시야는 거룩한 사람이었고, 자기와 자기 백성이 앞으로 어떻게 될지 공손한 마음으로 하나님의 말씀을 듣고 싶었다. 그래서 여선지자 훌다에게 사람을 보냈다. 요시야에게 훌다와 예레미야 같은 선지자들이 있어 그들에게 물을 수 있었다는 것은 하나님의 자비다. 그들이 그를 신실하게 대한 것도 하나님의 자비다. 마음이 진실한 사람들에게 하나님은 이런 자비를 베푸신다. 그들의 소원에 맞는 교사들을 주신다. 하지만 마음이 거짓된 사람들에게는 그에 맞는 교사들이 있어 그들의 정욕을 따라 가르친다. 예컨대 그들이 아합 같다면 400명의 거짓 선지자들이 거짓을 가르쳐 정욕을 채워 줄 것이다.^{왕상 22:6} 하지만 다윗 같은 사람들에게는 나단 같은 사람들이 있고, 요시야 같은 사람들에게는 훌다와 예레미야 같은 사람들이 있다. 물론 헤롯에게도 세례 요한 같은 사람이 있었다. 하지만 요한이 그의 죄를 지적하자 결국 헤롯은 어떻게 했던가? 요한의 목을 베고 말았다.^{막 6:17-27}

적용 여기서 우리가 배워야 할 것이 있다. 우리는 힘써 진실해야 하고 하나님 앞에서 마음을 정직하게 해야 한다. 그러면 하나님이 우리에게 영이 바르고 정직한 사람들을 보내 주신다. 그들은 하나님의 마음을 따라 우리를 가르친다. 하지만 우리 마음이 거짓되면 하나님은 다른 교사들을 주신다. 그들은 하나님의 뜻대로 가르치지 않고 우리의 뜻에 영합한다. 우리는 대식가들과 미식가들에게 걸려들 것이고, 사제들과 예수회 사람들의 손에 빠져들 것이다. 그런 사람들이 있는 곳의 백성에게는 하나님의 심판이 임한다. 하나님의 진실한 뜻을 알려는 마음이 없기 때문이다. 성경을 보면 백성은 죄악의 걸림돌을 자기 앞에 두려 했다고 한다.겔 14:3-4 그들은 악하여 우상을 들였고 걸림돌을 자초했다. 그들은 또 거짓 선지자들을 두었다. 지옥에 가면서도 꽤 권위를 갖춘 셈이다. 그런 그들에게 하나님은 과연 걸림돌이 임할 거라고 말씀하셨다. 이스라엘의 하나님 여호와께서 이같이 말씀하시기를 "그 우상을 마음에 들이며 죄악의 걸림돌을 자기 앞에 두고 선지자에게로 가는 모든 자에게 나 여호와가 그 우상의 수효대로 보응하리니……내가 그들이 마음먹은 대로 그들을 잡으려 함이라."겔 14:4-5 세상에 지옥 다음으로 가장 큰 심판을 초래한 것은 무엇인가? 수많은 영혼을 지옥으로 끌어간 가장 끔찍한 심판, 즉 적그리스도는 무엇인가? 그것은 바로 땅과 백성의 악이고 적그리스도 자신의 교만이다. 백성의 죄가 적그리스도에게 생기를 불어넣어 주었다. 그들은 하나님의 말씀이나 명백한 지침으로 만족할 줄 모른다. 그것이 너무 단순해 보이기 때문이다. 그들에게는 더 많은 제사, 더 많은 의식儀式, 더 화려한 통치 세력이 필요하다. 그들은 그리스도께서 남기신 그분의 통치로 만족하지 못하고 거기에 싫증을 낸다. 그래서 그분이 천국으로 가시자 이제 앞장서서 자기들을 지옥으로 인도할 교황이 필요하다. 이는 인간들이 결코 변명할 수 없는 죄다. 분명히 하나님은 그들 속에서 많은 악을 보셨고, 그래서 그들을 적그리스도의 심판에 넘기셨다. 하지만 우리는 우리를 그렇게 넘기지 않으신 하나님의 자비를 찬미하자. 요컨대 본문을 보면 하나님은 마음이 진실한 왕을 은혜로 대하시며, 진실한 답변으로 자신의 메시지를 보내신다.

"네가 듣고 마음이 연약하여." 27절

이어 선한 요시야에게 주시는 위로의 메시지가 나온다. 요시야는 그 백성에게 임할 재난을 보지 않고 평안히 죽을 것이다. 그 이유는 다음과 같다. "네가 듣고 마음이 연약하여 하나님 앞 곧 내 앞에서 겸손하여." 보다시피 원인은 두 가지다.

1. 내적 원인.
2. 외적 원인.
1. 내적 원인은 연약한 마음과 자신을 겸손하게 하는 것이다.
2. 그것의 외적 표현은 두 가지 행동으로 나타난다.
(1) 옷을 찢었다. (2) 통곡했다.

"옷을 찢고 통곡하였으므로." 거기에 이어 하나님의 약속이 나온다. "나도 네 말을 들었노라. 여호와가 말하였느니라. 그러므로 내가 네게 너의 조상들에게 돌아가서 평안히 묘실로 들어가게 하리니 내가 이곳과 그 주민에게 내리는 모든 재앙을 네가 눈으로 보지 못하리라."

우선 한 가지 의혹부터 푼 다음에 요시야의 연약한 마음으로 넘어가기로 하자.

질문 어떤 사람들은 이렇게 물을 수 있다. 그렇다면 인간의 태도가 하나님의 복을 유발할 수 있단 말인가?
대답 아니다. 물론 인과관계가 있지만, 모든 일은 최초의 원인에서 비롯된다. 연약한 마음은 심판을 면하는 일부 원인이 될 수 있으나 둘 다의 원인은 하나님이시다. 연약한 마음도 심판의 면제도 다 최초의 원인인 하나님에게서 비롯된다. 그러므로 본문이 말하려는 것은 원인이라기보다 질서다. 하나님은 세상의 질서를 그렇게 정하셨다. 상한 마음이 있는 곳에 심판의 면제가 있게 하셨다. 교황주의자들은 연약한 마음을 하나님의 복을 받는 자격으로 보지만, 사실은 그렇지 않다. 연약한 마음이 있는 곳에 자비가 따라오도록 하나님이 정하셨을 뿐이다. 요시야의 경우도 연약한 마음이 있어 자비가 따라왔다. 하나님의 약속에는 조건이 붙는다. 우리 쪽에서 조건을 충족해 하나님의 복을 받을 자격을 얻는 게 아니다. 오히려 하나님이 친히 조건을 채워 주신 뒤에 약속을 지키신다. 요컨대 하나님이 정하신 질서는 이것이니 곧 은혜가 있는 곳에 자비가 따라온다는 것이다. 하나님은 무슨 선을 행하시려면 먼저 사람들의 마음을 은혜롭게 만드신다. 그렇게 친히 가꾸신 마음을 아름다운 작품으로 보시고 거기에 맞는 다른 복들을 주신다. 하나님은 은혜 위에 은혜를 더하신다.

"마음"heart은 육신의 심장과 같은 단어로 쓰이지만, 여기서는 영적인 부분, 즉 영혼과 그에 따른 감정을 뜻한다. 마음이 "연약하다" 또는 여리다는 말은 다른 분야에서 차용된 은유적 표현이다. "연약한 마음"은 다음 세 가지 특성이 만나서 이루어진다.

1. **민감하다.**
2. **부드럽다.**
3. **유순하다.**

1. 연약한 마음은 늘 **민감하다.** 생명이 있기에 느낄 줄 안다. 모든 생명체는 생명이 있고 생명을 보존하려는 감각이 있다. 연약한 마음은 모든 불만을 감지한다. 연약함은 생명을 전제로 하므로 생명이 없는 것은 연약함도 없다. 청각과 시각처럼 생명체로 존재하는 데 전적으로 필요치 않은 감각도 있다. 하지만 민감성은 모든 생명체에 반드시 필요하다. 그리스도인이 불편을 민감하게 감지한다면 그 안에 생명이 있다는 표시다. 이렇듯 하나님은 인간의 생명을 보존하시고자 인간 안에 두려움과 사랑 같은 감정을 심어 주셨다. 두려움 덕분에 인간은 많은 위험을 피할

수 있다. 그래서 하나님은 우리에게 두려움을 주셔서, 늦지 않게 그분과 화목하도록 하셨다. 덕분에 우리는 불편에서 벗어날 수 있다. 물론 최악의 불편은 지옥 불이다.

2, 3. 연약한 마음은 **부드럽고 유순하다**. 돌은 벽에 맞으면 튀어나오지만 나긋나긋하고 유순한 물체는 돌처럼 딱딱하지 않아 무엇에 닿든 잘 구부러진다. 생명과 감각이 있어 연약하고 부드러운 마음도 마찬가지다. 밀랍은 공장[工匠]이 마음먹은 대로 휘어지고 변형되듯이, 연약한 마음도 자신에게 찍히는 자국을 무엇이든 쉽게 받아들인다. 연약한 마음은 저항하지 않고 모든 진리에 즉각 굽힌다. 부드러우므로 모든 감화를 받기에 적합하고 모든 일을 수행하기에 적합하다. 그야말로 성령께서 빚으시는 마음에 꼭 맞는 특성이다. 하나님은 먼저 우리를 적합하게 빚으신 뒤에 일을 맡기신다. 바퀴를 먼저 둥글게 만들어야 굴릴 수 있듯이 우리도 먼저 생각이 바뀌어야 새롭게 쓰임받을 수 있다. 연약한 마음은 말씀이 떨어지자마자 복종한다. 연약한 마음은 경고에 떨고, 교훈에 순종하고, 약속에 누그러진다. 하나님의 약속에서 위안을 얻는다. 그래서 마음이 연약한 사람은 하나님과 관련된 모든 직무를 수행하기에 제격이고, 이웃 사랑의 모든 직분을 감당하기에 적합하다. 완고한(딱딱한) 마음은 정반대다. 마치 죽어서 무감각한 물체처럼, 완고한 마음은 무엇에 닿든 구부러지지 않고 튕겨 낸다. 이런 마음은 산산이 깨질지는 몰라도 도무지 감화를 받아들일 줄 모른다. 돌이 깨질 수는 있어도 휘어지지 않고 튀는 것과 마찬가지다. 그래서 완고한 마음은 마귀에게는 밀

랍과 같지만, 하나님께는 돌과 같다. 선善과도 거리가 멀다. 그런 마음은 굽히지 않고 모든 선에 저항하며 반발한다. 그래서 성경은 그런 마음을 딱딱한 돌에 비유한다. 냉담한 마음으로 표현될 때도 있다. 무엇에도 굽힐 줄 모르기 때문이다. 그것은 산산이 깨질 수 있을 뿐 아무짝에도 쓸모가 없다. 그것에는 어떤 자국도 낼 수 없고 어떤 작업도 할 수 없다. 하지만 반대로 여리고 연약한 마음은 민감하고 유순하여 하나님을 섬기는 데나 사람을 돕는 데나 안성맞춤이다. 지금까지 우리는 연약한 마음이 어떤 것인지 분명히 살펴보았다. 여기서 도출된 결론은 다음과 같다.

원리 2. 연약하고 부드럽고 여린 마음은 하나님의 참 자녀의 초자연적 성향이다. 하나님의 참 자녀가 지닌 성향은 연약함과 민감함과 유용성인데, 다시 말하지만 이것은 초자연적 성향이다. 그럴 수밖에 없다. 본래 우리 마음은 돌 같기 때문이다. 본성상 모든 인간의 마음은 영적 선善에 관한 한 돌처럼 딱딱하다. 일반적인 일에는 유연할지 모르지만, 은혜에 관한 한 마음이 돌과 같아서 무엇이든 튕겨 낸다. 마음이 완고한 사람에게 뭐라고 말해 보라. 절대로 굽히지 않을 것이다. 돌 앞에서 망치란 무용지물이다. 돌을 깨부술 수는 있어도 어떤 형체로 빚을 수는 없다. 마찬가지로 돌 같은 마음 앞에서는 세상의 모든 경고도 무용지물이다. 마음을 깨부술 수는 있어도 빚는 작업은 불가능하다. 하나님의 전능하신 능력이 있어야만 한다. 세상에 인간의 마음처럼 딱딱한 것은 없다. 차라리 파리나 이 같은 피조물은 하나님께 순종하여 바로를 멸하려 했지만, 바로 자신은 마음이 지독히 완고했다. 열 재앙이 있고 난 뒤에는 열 배로 더 완고해졌다.^{출 10:27} 이렇듯 마음이 여리지 못한 사람은 바른 대상을 두고 딴 길로 간다. 하나님이 우리 안에 두신 감정은 마땅한 대상 앞에서 즉각 반응하게 되어 있다. 대상이 하나님의 말씀인 경우, 우리 마음이 타락해 있지 않다면 말씀에 상응하는 감정을 보인다. 심판과 경고의 말씀에 떨고, 약속의 말씀을 믿음으로 받고, 자비의 말씀에 위로를 얻고, 지시의 말씀에 순순히 따른다. 하지만 본래 우리 마음은 완고하다. 하나님이 경고하고 약속하고 지시하셔도 우리는 처음부터 끝까지 감각이 없다. 누구든 요시야처럼 은혜로운 사람은 반드시 부드러운 마음을 지녀야 한다. 그래서 지금부터 다음 세 가지를 살펴보고자 한다.

Ⅰ. 연약한 마음이 되는 법
Ⅱ. 연약한 마음을 보존하고 유지하는 법
Ⅲ. 연약한 마음을 그 반대와 구별하는 법

Ⅰ. 연약한 마음은 **마음을 지으신 분을 통해서만** 연약해진다. 피조물인 인간은 누구도 스스로 마음을 돌이켜 부드럽게 할 수 없다. 오직 하나님이 마음을 고치고 바꾸어 주셔야 한다. 우리는 다 본래 정욕을 따라 죽었고 완고하다. 그래서 하나님은 에스겔 11:19에 이런 은혜의 약속을 주신다. "내가 그들에게 한 마음을 주고 그 속에 새 영을 주며 그 몸에서 돌 같은 마음을 제거하고

살처럼 부드러운 마음을 주어." 살처럼 부드러운 마음이란 민감하게 살아 있는 마음이다.

질문 그렇다면 하나님은 어떤 방편들에 힘입지 않고 즉각 마음을 연약하게 바꾸어 주시는가?

해답 1 내 대답은 이렇다. 방편들이 마음을 연약하게 하는 게 아니라 하나님이 방편들을 통해 말씀으로 마음을 부드럽게 하신다. 하나님의 말씀은 완고한 마음을 방망이처럼 부스러뜨리고 불처럼 녹인다.^{렘 23:29} 그 작업은 이렇게 이루어진다. 먼저 하나님은 우리의 저주받은 상태와 영혼의 진정한 위험을 우리 마음에 열어 보이신다. 영혼은 본성과 습관적 죄 때문에 그런 상태에 빠져 있다. 이어 하나님은 영혼 앞에 최후의 무서운 심판과 현재의 위험한 심판을 보여주신다. 우리는 진노 아래 태어나 영혼이 죽었고, 저주받은 상태이자 저주의 상속자다. 하나님은 본래 우리 죄에 노하시는 분이며, 따라서 지옥이 우리를 삼키려고 기다리고 있다. 이 모든 것을 성령께서 말씀으로 깨우쳐 주신다. 그렇게 영혼이 깨우침을 받으면 그때부터 마음은 깜짝 놀라 부르짖는다. "형제들아, 우리가 어찌할꼬."^{행 2:37} 이렇게 말씀이 전해지고 내 것으로 적용되어야 효력이 발생한다. 하나님의 말씀을 나와 무관하게 들으면 마음이 깨지지 않는다. 하지만 베드로 같은 사람이 와서 "너희가 생명의 주를 십자가에 못 박았도다"라고 말하고 나단 같은 사람이 다윗에게 와서 "당신이 그 사람이라"라고 말하면, 그때 마음이 깨져 수치를 느낀다.

그러나 마음이 깨지는 것만으로 부족하다. 산산이 깨진 토기도 그 상태로는 무용지물일 수 있다. 마찬가지로 심판이 두려워 깨진 마음도 여전히 밀랍처럼 나긋나긋하지는 않을 수 있다. 결국, 우리 마음이 녹아져야 한다. 그래서 하나님이 심판의 말씀으로 마음을 낙담케 하시면, 성령께서 오셔서 위로의 말씀을 계시해 주신다. 그제야 그리스도 안에 있는 하나님의 은혜와 자비가 나타난다. "그러나 사유하심이 주께 있음은 주를 경외하게 하심이니이다."시 130:4 민감해져 낙담한 영혼에게 이 부분이 계시되면 이제부터 영혼이 녹아지고 연약해진다. 심판을 깨닫는 것은 준비 작업일 뿐이다. 심판의 말씀이 마음을 깨뜨리면 비로소 마음이 연약해질 준비가 된다.

해답 2 연약한 마음은 그리스도의 연약함과 사랑을 깨달음으로 이루어진다. 부드러운 마음은 그리스도의 피를 통해 부드러워진다. 항간에 다이아몬드를 불로 녹일 수 없고 피로 녹여야 한다는 말이 있는데, 사실인지 잘 모르겠다. 하지만 내가 확신하는 것이 있다. 인간의 완고한 마음을 녹이는 것은 그리스도의 피밖에 없다. 복되신 우리 구주의 고난밖에 없다. 하나님이 우리에게 베풀어 주신 사랑을 생각해 보라. 하나님은 아들을 보내 큰 일을 행하셨고, 그리스도를 통해 자신의 공의를 충족시키셨고, 우리를 지옥과 사탄과 죽음으로부터 해방시키셨다. 그것을 생각할 때, 그리고 나도 그것을 누리고 있음을 확신할 때, 우리 마음이 녹아지고 연약해진다. 그럴 수밖에 없다. 복음이 전파되어 죄인들의 마음이 깨지고 낙담에 빠지면, 반드시 성령께서 오셔서 복음을 적용해 주시기 때문이다.

그리스도는 하나님이 교회에 주신 첫 선물이다. 그 후에 성령께서 오셔서 우리 마음에 역사하여, 그리스도께서 베푸시는 자비를 겸손히 받아들이게 하신다. 성령은 하나님의 사랑과 자비에 대한 확신을 심어 주신다. 그 사랑과 자비를 느끼면 우리도 마음이 연약해져 하나님께 사랑을 돌려 드릴 수 있다. 천지를 지으신 위대한 하나님이 나를 위해 그리스도를 보내셨단 말인가? 예수께서 나를 위해 친히 낮아져 십자가에서 죽으셨다는 말인가? 천사들과 세상의 수많은 사람들을 두고 나를 택하셨다는 말인가? 자신의 사역자들을 보내 하나님의 사랑과 자비에 대한 확신을 내게 계시해 주셨다는 말인가? 이런 것을 생각하면 우리도 하나님을 사랑할 수밖에 없다. 사랑은 마음을 녹이는 불과 같다. 우리 영혼에 하나님이 영원 전부터 나를 사랑하셨다는 확신이 있으면, 우리도 그분께 사랑을 돌려 드리게 된다. 마음으로부터 이런 고백이 그분께 나온다. "주여, 말씀하소서. 제가 무엇을 하기를 원하시나이까?" 이런 영혼은 부드러워 하나님의 뜻이라면 무엇이든 행하고 어떤 고난도 감수한다. "여호와여, 말씀하옵소서. 주의 종이 듣겠나이다."삼상 3:9

이렇게 성령을 통해 마음이 연약해지면 그 후로는 삶 속에서 많은 것들이 연약함을 길러 준다. 하나님의 역사하심과 심판과 말씀과 성례도 성령을 통해 유효해지면 연약함을 길러 준다. 로

마서 12:1에 있듯이 하나님의 약속도 마음을 연약하게 한다. "그러므로 형제들아, 내가 하나님의 모든 자비하심으로 너희를 권하노니 너희 몸을 하나님이 기뻐하시는 거룩한 산 제물로 드리라." 마음을 연약하게 하도록 사람들을 설득하는 논거로는 하나님의 사랑과 자비를 깊이 깨우쳐 주는 것이 최고다. 물론 심판에 대한 두려움도 연약함을 길러 준다. 요시야의 마음도 거기에 녹았다. 하지만 그의 마음이 이번에 처음으로 연약해진 것은 아니다. 그는 그전부터 마음이 연약했고 하나님의 사랑을 확신했다. 그러다 자기 백성에게 심판이 임하리라는 말씀을 듣자 하나님과 백성을 향한 사랑 때문에 마음이 녹았다. 심판이 두려워서라기보다 백성의 죄가 하나님을 노엽게 하리라는 생각 때문이었다.

지금까지 연약한 마음이 되는 법을 살펴보았으니 이제 다음 주제로 넘어가자.

II. **이 연약한 마음을 보존하는 수단들이 있다.** 왜냐하면, 연약한 마음은 하나님 자녀의 성향이기 때문이다. 그렇다면 어떻게 그런 마음을 계속 유지할 수 있을까? 연약한 마음을 보존하는 법은 다음과 같다.

1. **성령께서 역사하시는 방편들에 맞추어야 한다.** 우리 마음에 역사하여 연약함을 보존해 주시는 분은 성령이시기 때문이다. 세상의 다른 모든 방법은 우리 마음을 움직일 수 없다. 그러므로 우리는 연약함을 보존해 줄 방편들을 따라가야 한다. 또한 우리의 본성적 상태, 하나님의 진노와 공의, 머잖아 온 세상에 임할

심판 등에 대해 하나님이 어떻게 말씀하시는지 들어야 한다. 그래서 바울은 자신이 하나님의 자녀이며 율법에서 해방된 존재임을 알면서도 "우리는 주의 두려우심을 알므로 사람들을 권면" 한다고 힘주어 말했다.^{고후 5:11}

2. 통곡의 집에 들어가 하나님의 교회 전반의 비참하고 암담한 상태를 마주 대하라. 느헤미야의 마음도 그래서 깨졌다. 유대인들은 큰 환난과 능욕을 당하고 있었고, 예루살렘 성은 허물어져 성문들이 불탔다. 그 말을 들은 느헤미야는 앉아서 울고 며칠 동안 슬퍼하며 하늘의 하나님 앞에 금식하며 기도했다.^{느 1:4} 선한 사람 느헤미야는 그래서 통곡했고, 왕궁의 모든 고관도 그를 위로할 수 없었다. 모세도 자기 동포가 이집트에서 당하던 고난을 보고 마음이 녹았다. 따라서 우리도 하나님의 교회 전반의 딱한 처지를 바라봄으로써 마음을 연약하게 지킬 수 있다. 머잖아 우리 자신도 그런 처지에 빠질 수 있음을 생각해야 한다.

3. 연약한 마음을 보존하려면 **율법과 복음을 힘써 믿으라.** 악인들에게 보응하신다는 하나님의 모든 경고가 그대로 실현될 것을 우리는 믿어야 한다. 믿음이 있으면 그런 일이 우리 눈앞에 현실로 다가온다. 보이지 않는 것도 실재처럼 우리 앞에 내보이는 것이 믿음의 특성이다. 악인들을 떨며 낙담하게 하는 것은 무엇인가? 자신이 곧 죽어 심판의 자리에 설 것을 깨닫고 죽음을 똑바로 대면할 때가 아닌가? 이렇듯 믿음은 심판 날을 눈앞에 내보여 우리를 떨게 만든다. 그래서 바울은 다시 오셔서 심판하실 주 예수 앞에서 디모데에게 엄히 명하곤 했다.^{딤후 4:1} 유다서

1:14-15에서 보듯이 먼 옛날의 에녹도 심판 날을 내다보며 살았다. 믿음으로 그는 장래 일을 실재처럼 보며 하나님과 동행했다. 그러므로 우리도 복음을 믿으면 연약한 마음을 보존할 수 있다. 하나님의 선하심과 용서와 영생을 믿으면 그렇게 된다.

4. 아울러 **마음이 연약한 사람들과 어울려야 한다. 그런 좋은 사람들이 곁에 있을 때, 우리 마음은 연약하게 된다.** 그 영혼은 다음과 같이 추론하기 때문이다. 즉, 그렇게 마음이 연약한 자들 가운데 양심에 아랑곳하지 않고 욕을 하거나, 안식일을 모독하는 자들이 있는가? 그런 자들은 교회의 비참한 상태로 인해 통곡하지 않는가? 그렇다면, 그런 것들이 내 속에는 전혀 없으니 나는 죽은 육신처럼 그 얼마나 굳어 있는가!

5. 연약한 마음을 보존하려면 **양심에 어긋나는 가장 작은 죄에 각별히 주의해야 한다.** 가장 작은 죄 때문에 마음은 점점 완고해지는 법이다. 양심에 어긋나는 죄를 지으면 총명이 흐려지고 애정이 식고 생명력이 소진된다. 그래서 최소한의 유혹을 물리칠 힘마저도 없어진다. 결국, 하나님의 심판을 피할 수 없게 된다. 인간이 양심을 거스르고 죄 가운데 살아가면 하나님이 성령을 거두시고 마음이 점점 더 완고해지도록 내버려 두신다. 처음에 마음이 연약할 때는 어떤 죄도 용납되지 않아 가장 작은 죄에도 괴로워한다. 물이 얼기 전에는 핀 하나의 무게도 떠받치지 못하지만 일단 얼고 나면 수레의 무게도 능히 지탱한다. 이와 마찬가지로 마음도 처음에 연약할 때는 최소한의 죄에도 떨며 그것을 용납하지 못한다. 하지만 일단 양심을 거스르고 죄에 빠져들면

마음이 얼음장처럼 딱딱해져 어떤 죄라도 용납이 된다. 결국 마음이 점점 더 완고해진다. 인간은 아주 완악한 존재인지라 한번 양심에 어긋나는 죄로 자기 마음을 배반하고 나면 그때부터는 어떤 죄라도 능히 저지를 수 있다. 그래서 하나님은 그들이 점점 더 완고해지도록 내버려 두신다. 하나님이 완고한 마음을 내버려 두시면 그 사람이 무슨 짓을 못하겠는가?

6. 연약한 마음을 보존하려면 **영적 술 취함을 조심해야 한다**. 육체적 안락을 일삼으며 거기에 취해서는 안 된다. 외적인 것들을 지나치게 사랑해서는 안 된다. 선지자가 무어라 말했는가? "음행과 묵은 포도주와 새 포도주가 마음을 빼앗느니라."호 4:11 무엇이든 세상 것에 푹 빠지면 그것이 영적 감각을 앗아간다는 뜻이다. 영혼은 외적인 일에 민감할수록 영적인 일에는 둔해진다. 외적인 일이 내면의 열정을 앗아가듯이, 하나를 사랑하면 다른 하나에 대한 사랑이 반감된다. 세상 것을 지나치게 사랑하면 더 좋은 것들에 대한 감각을 잃고 마음이 완고해진다. 이생의 쾌락과 타산이 마음에 가득하면 임박한 심판을 민감하게 감지할 수 없다. 그래서 옛날에도 "사람들이 먹고 마시고 장가들고 시집가고 있으면서 홍수가 나서 그들을 다 멸하기까지 깨닫지 못하였으니"라고 했다.마 24:38-39 육체적 안락에 집착하는 사람은 영혼의 기력을 잃는다. 그래서 성경에서 하나님은 기도와 금식을 하나로 묶으신다.마 17:21 우리 마음이 하늘에 상달하려면 세상의 것들을 모두 끊어야 한다는 뜻이다. 그러므로 영적 본분을 다하려면 육체적 안락을 삼가야 한다. 세속적인 사람에게 신앙에 대

해 말해 보라. 그는 세상 것들을 사랑하여 영적 감각을 잃었으므로 신앙에 대해서는 들을 귀가 없다. 마음이 아주 둔해져 아예 선한 것을 즐기거나 음미할 수 없다. 욕심 많은 사람에게 말해 보라. 그는 이생의 것들에 영혼이 팔려 그 밖에는 다른 욕구가 없다. 그의 마음은 이미 너무 완고해져 자신이 얼마나 완고한지 따위에는 관심조차 없다. 그래서 남들을 짓밟고서라도 부와 명예를 얻으려 한다. 그래서 성경은 우리에게 술 취함과 이생의 염려에 마음이 짓눌리지 않도록 조심하라고 명한다. 그런 것들이 인간을 영적으로 둔하게 만들기 때문이다.눅 21:34

7. 연약한 마음을 보존하려면 **위선을 조심해야 한다**. 위선은 마음을 교만하게 하고, 교만한 사람은 자기와는 다른 사람들을 정죄하기 때문이다. 교만한 사람은 자기처럼 사는 것을 다행이라 여기며, 자기가 어느 누구보다도 낫다고 생각한다. 교만한 사람은 사역자한테 죄를 책망받아도 그것이 내 문제가 아니라 저 세속적인 사람이나 저 악한 사람의 문제라고 말한다. 서기관들과 바리새인들은 악한 위선자이자 모든 해악의 화근이었고, 이교도인 빌라도보다도 마음이 더 완고했다. 빌라도는 그리스도를 구하려 했지만, 그들은 그럴 마음이 없었다.눅 23:14-23 마찬가지로 로마 가톨릭의 위선자가 이슬람교도나 유대교인보다 더 마음이 완고하다. 그는 미혹하는 말로 말끝마다 교만하게 자화자찬을 늘어놓는다. "바벨론의 음녀"계 17:5 참조-옮긴이는 포학과 피로 잔뜩 취하는 법이다. 그러므로 연약한 마음을 지니려면 위선을 조심하라.

8. 무엇보다도, **큰 죄들을 조심해야 한다.** 큰 죄들은 마음을 완고하게 한다. 작은 죄들은 마음을 둔하게 하기보다 오히려 양심을 깨울 때가 많다. 하지만 큰 죄들은 사람을 완고하고 무디어지게 한다. 작은 핀에 찔리면 정신이 번쩍 들지만, 강타를 얻어맞으면 바로 의식을 잃는 것과 마찬가지다. 그러므로 큰 죄를 조심하라. 다윗의 경우도 그랬다. 그는 백성을 계수하는 죄를 지었을 때는 바로 가책을 느꼈다. 하지만 우리아와 밧세바에게 지독히 큰 죄를 범했을 때는 강타를 얻어맞아 마치 죽은 사람처럼 되었다. 결국은 나단이 와서 그를 소생시켜야 했다.삼하 12:1 사람이 큰 죄를 지으면 마음이 아주 완고해져 계속 죄가 죄를 낳는다. 그러므로 연약함을 보존하려면 자신의 마음을 잘 감시해야 한다. 눈은 약해서 금방 다치기 쉬운 부위다. 인간은 눈을 다치지 않으려고 얼마나 본능적으로 눈을 보호하는가. 마찬가지로 마음도 여린 부위인 만큼 강타를 얻어맞지 않도록 각별히 주의하여 보존해야 한다. 양심에 중죄의 흉터를 남기는 것은 끔찍한 일이다. 거기서 다른 죄가 싹트기 때문이다. 양심이 큰 죄로 일단 완고해지기 시작하면 멈추지 않는다. 그때부터는 탐욕에 파묻혀 그냥 죄로 직행하게 된다.

9. 연약한 마음을 보존하려면 **완고한 마음의 비참한 상태를 생각하라.** 마음이 완고한 사람은 지옥의 문턱에 가 있고, 가장 끔찍한 상태인 영혼의 저주에 근접해 있다. 완고한 마음은 경고에도 깨지지 않고 약속에도 녹지 않는다. 그런 사람은 마음속에 인간을 향한 연민이나 하나님을 향한 사랑이 없다. 지난 일로 인한

심판도 다 잊어버리고 장차 임할 심판도 안중에 없다. 영혼이 그 상태가 되면 아무것에도 적합하지 않고 오직 죄와 마귀에나 적합할 뿐이다. 반면에 마음이 연약한 사람은 모든 선을 행하기에 적합하다. 그는 하나님이 경고하시면 부들부들 떨고, 하나님이 약속하시면 마음이 녹아 즐겁다 못해 감사가 터져 나오고, 하나님이 명령하시면 무엇이든 행한다. 하나님께나 사람에게나 모든 선을 행하기에 적합한 사람이다. 하지만 위선이나 탐심이나 습관적 죄 때문에 마음이 완고해진 사람은 연민도 없고 긍휼도 없다. 하나님이 경고나 약속이나 명령을 하셔도 마음이 꿈쩍도 하지 않는다. 그야말로 끔찍한 상태다.

여기서 잠시 성자 요시야 같은 **젊은 사람들에게** 몇 마디 말하고자 한다.

요시야의 연약함에는 분명히 어느 정도 나이의 이점이 있었다. 젊은 사람들은 각별히 힘써 연약한 마음을 지켜야 한다. 젊은 사람들이 선하면 하나님과 그들 사이에 달콤한 교제가 이루어진다. 그때는 아직 마음이 세상 염려에 짓눌리기 전이다. 하나님은 젊은이들의 기도를 아주 기뻐하신다. 세상 풍속으로 오염되거나 완고해진 영혼에서 나오는 기도가 아니기 때문이다. 그러므로 젊은이들은 나이의 이점을 살려 늦기 전에 죄를 회개해야 한다. 노년까지 미루어서는 안 된다. 타고난 연약함을 아직 젊었을 때 경시하지 말아야 한다. 물론 그것으로 하나님 나라에 들어갈 수는 없지만 일찍부터 마음을 연약하게 할 수는 있다. 그러므로 우리도 선한 요시야처럼 청춘의 좋은 기회를 경시하지 말자. 늦기 전에 모든 죄를 회개하고, 선한 사람들과 교제하자. 그래서 성경에 보면 "오직 오늘이라 일컫는 동안에 매일 피차 권면하여 너희 중에 누구든지 죄의 유혹으로 완고하게 되지 않도록 하라"히 3:13라고 했다. 무슨 수를 써서라도 우리 마음을 연약하게 지키자. 그것은 정말 복된 상태다! 마음이 연약할 때 우리는 살기에 적합하고, 죽기에 적합하고, 하나님으로부터 무엇이든 받기에 적합하다. 사람들에게 정직하게 본분을 다하기에 적합하고, 무슨 일로든 하나님을 섬기기에 적합하다. 하지만 일단 감각과 감정을 잃고 나면 하나님의 전능하신 능력이 우리를 회복시켜야 하는데, 결과가 좋은 경우는 백 명에 한 명도 되지 않는다. 그러므로 연약하고 부드럽고 여린 마음을 힘써 보존하라.

여기서 더 나가기 전에 몇 가지 양심의 문제에 답하고자 한다.

질문 1 하나님의 자녀들도 연약한 마음과 반대되는 완고한 마음에 빠질 수 있는가?

질문 2 그리스도인이 하나님을 향한 사랑이나 자신의 죄 같은 영적인 일들보다 외적인 일들에 더 민감해질 수 있는가?

해답 1 첫 번째 질문에 대한 내 대답은 이렇다. **하나님의 자녀도 마음이 완고해질 수 있다.** 마음에 어느 정도 완고함이 있을 수 있다. 그리스도인은 복잡한 존재라서 신체body와 정신soul만 아니라 육flesh과 영spirit이 있다. 아직 부분적으로만 새롭게 된 상태라 육과 영이 공존하며, 따라서 마음이 완고해질 수 있다. 이를 분명히 보여 주는 사례들이 많이 있다. 하나님의 자녀라

해서 하나님의 진노와 자비를 늘 민감하게 느끼는 것은 아니다. 또한, 하나님의 명령에 마땅히 복종해야 하지만 그렇지 못할 때도 있다. 하지만 하나님이 자기 자녀들을 완고한 마음에 빠지도록 허용하시는 이유는 무엇인가? 그분이 우리를 그런 상태로 두심은 우리 안에 그만한 원인이 있기 때문이다. 그분이 역사하지 않으시면 우리 마음은 부드러움을 잃고 만다.

질문 그렇다면 무엇이 그분을 움직여 우리를 그런 상태로 두시는가?

대답 내 대답은 이렇다. 그분이 그렇게 하심은 그동안 소홀하고 태만했던 우리의 죄를 고쳐 주시기 위해서다. 특히 연약한 마음을 지켜 줄 은혜의 방편들을 우리가 경시할 때 그렇다. 하나님이 우리 마음을 완고하게 두심은 이미 베풀어 주신 은혜를 우리가 살리지 못하고 귀히 여기지 않기 때문이다. 또한, 우리가 다른 사람들을 돌아보지 않고, 마음이 연약한 사람들과 어울리지 않기 때문이다. 그래서 하나님은 그분의 자녀들이 완고한 마음에 빠지도록 허용하신다.

질문 그렇다면 여기서 다른 질문이 생긴다. 이렇게 하나님의 자녀도 마음이 완고해질 수 있다면, 우리 자신의 마음과 하나님께 버림받은 사람의 마음을 어떻게 구분할 수 있는가?

대답 내 대답은 이렇다. 하나님께 버림받은 사람의 마음은 전적으로 완고해질 대로 완고해져 더는 돌이킬 여지가 없다. 거기에 방심과 무감각과 고집까지 가세하여 방편들마저 멸시한다. 하지만 하나님의 자녀는 설사 마음이 완고해졌어도 아예 돌이킬 수 없는 정도는 아니다. 여전히 자기 마음을 보고 느끼는 감각이 있다. 완전히 완고한 마음은 아무것도 느끼지 못하지만, 부분적으로 완고해진 그리스도인은 자기 마음이 그렇다는 것을 느낀다. 방광에 결석이 있는 사람이 그것을 알고 느끼는 것과 같다. 마음이 완전히 완고한 사람은 아무것도 느끼지 못하지만, 부분적으로 완고해진 사람은 여전히 느낄 줄 안다. **부분적으로 완고해진 마음과 완전히 완고한 마음**은 다르다. 하나님의 자녀는 부분적으로 완고해질 수는 있어도 완전히 완고할 수는 없다. 그래서 부분적으로 완고해진 하나님의 자녀는 자신의 완고함을 지각하며, 그런 지각 능력을 지닌 영혼으로서 꼭 할 일을 한다. 즉, 여러 가지 좋은 방편들을 활용하여 마음을 부드럽게 한다. 완고해진 상태가 다른 모든 고통보다 더 슬프게 느껴지기 때문이다. 완고함을 그냥 두는 한 그는 자신의 상태가 정상이 아님을 안다. 그래서 다른 모든 고통보다 그것이 더 힘들어 이사야 63:17 말씀처럼 하나님께 부르짖는다. "어찌하여……우리의 마음을 완고하게 하사 주를 경외하지 않게 하시나이까."

반문 그렇다면 일부 사람들은 하나님이 어떤 방식으로 우리 마음을 완고하게 하시느냐고 물을 수 있다.

대답 내 대답은 이렇다. 일차적인 원인은 우리 자신에게 있으나 하나님은 네 가지 방식으로 우리 마음을 완고하게 하신다.

1. 첫째는 **박탈**이다. 하나님은 우리 마음을 부드럽게 녹이시는 능력이 있다. 그런데 이제 그 능력을 거두신다. 태양이 빛과 온기를 거두면 세상이 어두워지듯이 하나님도 우리 마음을 녹이시는 능력을 거두신다. 그러니 우리 마음이 부드러워지기는커녕 오히려 완고해질 수밖에 없다.

2. 둘째는 **거부**다. 하나님은 우리에게 은혜를 거부하시고, 처음에 주신 은혜도 앗아가신다. 본래 우리 안에는 은혜가 없다. 이런 식으로 하나님은 일부 사람들을 전적으로 완고하게 하신다. 그들에게 있던 것까지도 하나님이 빼앗으셔서 그들의 상태는 본래보다 더 나빠진다. 사람들이 복음에 합당하게 행하지 않으면 하나님은 지극히 합리적인 삶을 앗아가시고 그들을 완고한 마음에 내버려 두신다. 그들은 그 상태로 치닫다가 스스로 자신의 적이 되어 멸망을 자초한다.

3. 셋째는 하나님은 박탈과 거부만이 아니라 또한 **양도**tradition5를 통해 마음을 완고하게 하신다. 즉, 마귀에게 내주셔서 마귀의 괴롭힘에 시달리게 하심으로 우리를 완고하게 하시는 것이다. 이것은 무서운 심판이다. 우리가 성령을 슬프게 하는 길로 가면 성령은 우리를 슬프게 하는 길로 가신다. 즉, 우리를 사탄에게 내주셔서 눈이 멀고 완고하게 하신다. 실제로 이렇게 완고해지는 과정은 하나님 쪽에서 시작하시는 게 아니다. 의로우신 재판장께서 우리를 사탄에게 그리고 우리 마음의 본성적 정욕에 내버려 두시는 것뿐이다. 사탄과 정욕

은 지옥의 모든 귀신보다 더 지독하다.

4. 넷째이자 마지막은 **선물**이다. 하나님은 좋은 선물을 제시하여 마음을 완고하게 하신다. 좋은 선물이 악한 마음과 만나면 그 마음은 더욱 완고해진다. 예컨대 이사야 6:10에 "이 백성의 마음을 둔하게 하며"라고 했는데, 그 방법이 무엇인가? 말씀의 전파였다. 선한 선물의 빛이 악한 영혼을 들추어내면 마음이 완고해진다. 인간은 방편들과 경건을 통해 더 좋아지는 게 아니라 오히려 그것들 때문에 훨씬 더 나빠진다. 그러므로 보다시피 우리의 완고한 마음을 하나님 탓으로 돌릴 수 없다. 모든 원인은 우리에게 있다. 하나님이 박탈이나 거부나 양도나 좋은 선물 중 무엇으로 마음을 완고하게 하시든 그 뿌리는 다 우리에게 있다. 또 앞서 보았듯이 하나님의 자녀는 마음이 어느 정도 완고해질 수는 있어도 하나님께 버림받은 사람과는 다르다. 하나님의 자녀는 자신의 완고한 마음을 보고 느끼고 슬퍼하며 하나님께 토로한다.

질문 두 번째 질문은 이것이다. 하지만 **하나님의 자녀가 영적인 일들보다 외적인 기쁨이나 고통에 더 민감해질 수 있는가?** 이런 의문 때문에 많은 사람들이 자신에게 연약한 마음이 없다고 생각한다. 자신이 영적인 일들보다 외적인 일들에 더 민감하기 때문이다.

대답 내 대답은 이렇다.

1. **하나님의 자녀라고 늘 한결같은 것은 아니다.** 하나님의 자

녀도 여전히 고충이 있다. 선한 본분에 소홀할 수도 있고, 힘이 없어 타락을 이겨 내지 못할 때도 있다. 완고한 마음 때문에 하나님이 무릎 꿇게 하시면 그들은 애통한다. 하지만 하나님의 자녀에게는 육과 영이 공존하므로 그 둘 사이에 교류가 있다. 그래서 많은 경우에 한동안 육이 이기면 돌연한 기쁨이나 돌연한 슬픔이 있을 수 있고, 그것이 영적 기쁨이나 영적 슬픔보다 클 수 있다. 하지만 죄를 애통하는 영적 슬픔은 외적인 슬픔처럼 그렇게 격렬하거나 돌연하지 않고 더 일관되게 유지된다. 죄를 애통하는 마음은 쭉 지속된다. 반면에 외적인 슬픔은 더 격렬해 보여도 돌연한 것에 지나지 않는다.

2. **하나님의 자녀도 세상 것들을 귀히 여기고 중시하다가 돌연한 슬픔을 맛볼 수 있다.** 그들도 당장은 외적인 일들을 지나치게 중시하며 떠받들 수 있다. 하지만 그 후에는 건전한 조언을 통해 영적인 일들을 외적인 일들보다 훨씬 귀히 여기게 된다. 그때는 슬픔이나 기쁨도 더 영적인 이유로 바뀌고, 그만큼 일관되게 유지된다. 이 말은 그리스도인의 본분을 소홀히 해도 된다는 뜻이 아니라 이 문제로 괴로워하는 사람들을 위로하기 위해서 하는 말이다. 그러므로 그런 사람들은 하나님이 "상한 갈대를 꺾지 아니하며 꺼져가는 등불을 끄지 아니하"시는 분임을 알아야 한다. 혹시 그들에게 소원이 있어 방편들을 통해 그 소원의 진실성을 성실하게 아뢴다면, 결국 그 소원이 이루어진다. 그리스도께서 우리를 위해 계속 중보하시기 때문이다. 우리 안에 연약함이 없다면 그리스도께서 계속 우리를

위해 화목하게 하실 필요가 무엇인가? 이 화목은 실족하는 사람들을 위한 것이다. 그러므로 하나님과 우리 사이에 실족이 없다면 그리스도께서 우리를 위해 계속 중보하실 필요가 무엇인가? 이런 두 가지 이유 때문에 하나님의 자녀도 당분간은 영적인 일들보다 외적인 일들에 더 민감해질 수 있다.

질문 하지만 여기서 다른 질문이 나올 수 있다. 우리 마음이 민감하고 부드러운지 그렇지 않은지 어떻게 알 수 있는가?
대답 우리 영혼을 네 가지 대상에 적용해 보면 쉽게 알 수 있다. 그 대상이란 바로 1. 하나님, 2. 그분의 말씀, 3. 그분이 하시는 일, 4. 인간이다.

Ⅲ. 우리 마음이 연약하고 부드러운지 이 네 가지 방식으로 시험해 볼 수 있다.

1. **하나님**이다. 연약한 마음은 **하나님으로부터** 올 뿐 아니라 또한 **하나님을 위한** 것이다. 삼위일체 하나님을 위한 것이다. 마음이 연약한 사람은 자신의 죄로나 남의 죄로나 하나님을 욕되게 할 수 없고, 그분을 욕되게 하는 사람들의 말도 차마 들을 수 없다. 하나님의 이름을 모독하는 말을 차마 듣지 못하는 것이다. 또 마음이 연약한 사람들은 그리스도께서 모욕당하는 것을 보면 마음이 아플 수밖에 없다. 아울러 성령의 감화에 복종하는 사람은 마음이 연약한 사람이다. 성령께서 감화하실 때 순순히 따른다면 그의 마음이 연약하다는 증거다. 반면에 완고한 마음은

모든 것을 뿌리치며, 망치로 때려도 꿈쩍 않는 돌처럼 성령의 어떤 감화에도 굴하지 않는다.

2. 연약한 마음은 **하나님의 말씀**에 민감하다. 참으로 연약한 마음은 이사야 66:2 말씀과 같이 먼저 경고 앞에서 떤다. "무릇 마음이 가난하고 심령에 통회하며 내 말을 듣고 떠는 자 그 사람은 내가 돌보려니와." 또 마음이 연약한 사람은 하나님의 분노의 조짐 앞에서 떤다. "사자가 움킨 것이 없는데 어찌 수풀에서 부르짖겠으며."암 3:4 사자가 부르짖으면 당연히 숲속의 짐승들이 멈추어 떤다. 하지만 하나님이 부르짖으시며 보응을 경고하시면 연약한 마음은 그보다 훨씬 더 떤다. 연약한 마음은 심판날에 임할 주의 두려우심을 듣고 떤다. 바울도 그랬다. "우리는 주의 두려우심을 알므로 사람들을 권면하거니와."고후 5:11 그래서 그는 직분에 충실했다. 사도 베드로도 우리에게 이것을 명심하도록 권면했다. "이 모든 것이 이렇게 풀어지리니 너희가 어떠한 사람이 되어야 마땅하냐. 거룩한 행실과 경건함으로."벧후 3:11 경고뿐 아니라 약속의 말씀에 대해서도 마찬가지다. 하나님의 약속을 무엇보다도 즐거워하는 사람은 마음이 연약하다. 세상에서 가장 달콤한 것이 하나님의 약속이니 어찌 그 앞에서 우리 마음이 녹지 않을 수 있겠는가? 그러므로 연약한 마음은 하나님의 약속을 들으면 녹고 민감해진다. 아울러 연약한 마음은 명령하시는 모든 말씀 앞에서도 나긋나긋하다. 마음이 연약한 사람은 하나님이 부르시면 이렇게 대답한다. "주여, 제가 여기 있나이다. 제가 무엇을 하기를 원하시나이까?" 이사야도 연약한 마

음으로 "주여, 나를 보내소서"사 6:8라고 아뢰었다. 다윗도 "너희는 내 얼굴을 찾으라"라는 하나님의 명령에 "여호와여, 내가 주의 얼굴을 찾으리이다"라고 대답했다.시 27:8 하나님이 뭐라고 말씀하시든 영혼은 그분께 공손히 응답한다. 이렇듯 참되고 연약한 마음은 하나님의 말씀에 복종하며, 그래서 모든 사명을 수행하기에 적합하다.

3. 우리 영혼을 **하나님이 하시는 일**에 적용해 보면 된다. 연약한 마음은 다른 사람들에게 두루 임하는 하나님의 심판을 보고 두려워 떤다. 그래서 얼른 하나님과 화목하려고 그분께 나아가 회개한다. 이렇듯 연약한 마음은 하나님의 자비를 즐거워하며, 어떤 일보다 그 속에 있는 하나님의 사랑을 더 잘 본다. 그분이 하시는 일은 그 사랑에서 비롯된다.

4. **다른 사람들의 선하거나 악한 상태**를 대할 때 우리 마음이 연약하고 민감한지 알 수 있다. 예컨대 우리도 악한 사람들을 향해 다윗처럼 마음이 연약해질 수 있다. "그들이 주의 법을 지키지 아니하므로 내 눈물이 시냇물 같이 흐르나이다."시 119:136 그래서 바울도 "내가 여러 번 너희에게 말하였거니와 이제도 눈물을 흘리며 말하노니"빌 3:18라고 했다. 그뿐 아니라 그리스도께서도 예루살렘의 재난을 민감하게 느끼시고 눈물을 흘리셨으며, 잠시 후에는 예루살렘을 위해 친히 피를 흘리셨다.마 23:37; 눅 19:41-44 그분의 마음은 이처럼 연약하셨다. 그래서 하나님의 명을 받들어 이렇게 말씀하셨다. "천지의 주재이신 아버지여, 이것을 지혜롭고 슬기 있는 자들에게는 숨기시고 어린 아이들에게는 나타내

심을 감사하나이다."^마 11:25 마찬가지로 마음이 선한 사람들도 잘 베풀고 용서한다. 그들은 베풀 때 물질만 아니라 자신의 마음과 애정까지 함께 베푼다. 또한, 자기를 용서하신 그리스도의 사랑을 알기에 기꺼이 다른 사람들을 용서한다. 요컨대 연약한 마음은 하나님이 하라고 하시면 무슨 일이든 한다. 울라고 하시면 울고, 기뻐하라고 하시면 기뻐한다. 연약한 마음은 모든 선한 일에 적합하다. 지금까지 말한 몇 가지 기준에 비추어 우리는 자신의 마음이 연약한지 아닌지 알 수 있다.

이제 이것을 우리에게 적용해 보자. 이 시대 사람들은 요시야의 심정을 얼마나 품고 사는가? 하나님을 모독하는 말이나 그리스도를 향한 신앙을 모욕하는 말을 들을 때 가슴이 찢어지는 사람이 얼마나 되는가? 성령의 감화에 복종하는 사람이 얼마나 적은가! 이 시대 사람들의 완고한 마음에 대해 우리는 얼마든지 성토할 수 있다. 그들은 하나님의 말씀 앞에서 떨지 않는다. 하나님의 약속도 경고도 명령도 그들의 마음을 녹이지 못한다. 하지만 한 가지 확실한 사실이 있다. 신앙도 있고 은혜의 방편들도 누리는 우리가 그들보다 못하다면 사태가 훨씬 심각하다는 것이다. 우리는 교회의 비참한 상태를 얼마나 민감하게 느끼는가? 그리스도는 교회의 머리이시고 우리는 한 몸의 지체들이다. 그래서 연약한 마음은 교회의 비참한 상태를 민감하게 느낀다. 하지만 요즘 사람들은 여린 마음과 거리가 멀어 본능적 감정을 따라간다. 바울도 말세에 그런 사람들이 있을 거라고 예언한 바 있다.^딤전 4:1 그들은 교회 전반의 상황을 들어도 이방인들과 이교도들보다도 더 안타까워하는 마음이 적다. 이는 그들에게 연약한 마음이 없다는 증거다. 머리되신 그리스도께 믿음으로 연결되어 있지 않고, 몸된 교회에 사랑으로 연결되어 있지 않다는 증거다. 당신은 어떤가? 우상숭배, 욕지거리, 술 취함, 거짓말 등 하나님께 죄를 짓는 사람들을 볼 때 마음이 어떤가? 그들을 그렇게 죄 가운데 살다가 지옥으로 향하도록 그냥 두는 것이 자비인가? 아니, 그것은 잔인한 일이다. 우리는 그들에게 자비를 베풀어, 악한 길로 가지 못하게 막아야 한다. 그러므로 그들을 죄 가운데 그냥 두면서 행여 당신이 자비를 베풀고 있다고 착각하지 말라. 오히려 그들을 권면하고 가르쳐야 한다. 냉랭함과 무감각은 이 시대의 영적인 병이다. 하지만 성령으로 마음이 뜨거워진 사람들은 반드시 자신의 선과 악은 물론 시대의 선과 악을 민감하게 느낀다. 요컨대 당신에게 연약한 마음이 있는지 알려면 하나님, 그분의 말씀, 그분이 하시는 일, 당신 자신, 그리고 다른 사람들을 보라. 그러면 당신의 마음이 연약한지 아닌지 알 수 있다.

질문 하지만 여기서 다른 질문이 나올 수 있다. 일단 이렇게 완고하고 둔하고 무감각한 상태에 빠진 사람들은 어떻게 거기서 회복될 수 있는가? 자신을 점검한 결과가 그렇게 나왔다면 어떻게 거기서 헤어날 것인가? 여기에 대한 내 대답은 다음과 같다.

대답 1 찬 물건을 불가로 가져가 덥히고 녹이듯이, **우리는 우리의 냉랭한 마음을 그리스도의 사랑의 불가로 가져간다.** 그리스도께 지은 우리 죄를 생각하고, 우리를 향한 그리스도의 사랑을 생각하라. 그리스도께서 우리에게 얼마나 큰 사랑을 베푸셨는지 생각하고, 우리가 얼마나 그 사랑을 받을 자격이 없는 존재인지 생각하라. 그러면 우리 마음이 햇빛 앞의 밀랍처럼 부드럽게 녹을 것이다.

   2 이런 연약하고 여린 마음을 지니려면, **방편들을 활용하라**. 항상 복음의 햇빛 아래 있으라. 하나님의 햇빛 아래 있으면 그분이 당신의 마음을 녹여 주실 수 있다. 항상 선한 방편들 가운데 거하고, 서로 도움을 주고받으라. "매일 피차 권면하여 너희 중에 누구든지 죄의 유혹으로 완고하게 되지 않도록 하라."히 3:13 의사들도 웬만하면 자기 약을 자신이 처방하지 않는다. 마찬가지로 바른 상태에 있지 못한 사람은 혼자 힘으로 일어나기 힘들다. 그를 일으켜 세워 줄 적임자는 주변의 좋은 동지들이다. 엠마오에서 영적으로 교제하던 두 제자는 "우리에게 말씀하[실]……때에 우리 속에서 마음이 뜨겁지 아니하더냐?"눅 24:32라고 했다. 이렇듯 그리스도는 세 번째 사람으로 오셔서 그들에게 합류하시고, 그들 속에서 그 마음이 뜨겁게 하신다. 그래서 그분은 "두세 사람이 내 이름으로 모인 곳에는 나도 그들 중에 있느니라"마 18:20라고 하셨다. 그들이 약속 안에 있으므로 그분의 임재가 가능하다. 두 사람이 영적으로 교제하는 곳에 그리스도께서 세 번째 사람으로 오신다. 그러므로 우리도 다른 사람들의 도움을 잘 받자. 다윗도 선지자였지만행 2:30 - 옮긴이 스스로 회복되지 못하고 나단의 도움을 받아야

했다.^삼하 12:7 우리도 완고하고 둔감한 마음에서 회복되려면 서로 도움을 주고받아야 한다.

3 담대하고 경건하게 은혜의 언약을 주장해야 한다. 하나님은 우리에게 연약한 마음, 살처럼 부드러운 마음을 주시겠다고 약속하셨다. 에스겔 11:19에서 그분은 "내가 그들에게 한 마음을 주고 그 속에 새 영을 주며 그 몸에서 돌 같은 마음을 제거하고 살처럼 부드러운 마음을 주어"라고 말씀하셨다. 이렇듯 하나님이 우리에게 살처럼 부드러운 마음을 주시고 돌 같은 마음을 제거하시겠다고 말씀하셨으므로 우리는 그분께 이 약속을 주장해야 한다. 그분께 나아가 기도해야 한다. 그분 앞에 가서 살처럼 부드러운 마음을 달라고 간구하라. 단 그분의 때를 기다리라. 그때가 최선의 때다. 그러므로 그분이 당장 응답하지 않으시더라도 기다리라. 지금까지 말한 여러 방편을 통해 우리 마음이 연약하게 될 수 있다.

그런데 마음을 부드럽고 연약하게 하는 일에 분발하려면 몇 가지 명심해야 할 것이 있다.

1. **연약한 마음은 얼마나 놀라운 것인가.** 하나님은 그런 마음 속에 친히 거하시겠다고 약속하셨다. 하나님이 약속대로 우리 마음속에 거하신다면 이는 정말 놀라운 일이다. "지극히 존귀하며 영원히 거하시며 거룩하다 이름하는 이가 이와 같이 말씀하시되 내가 높고 거룩한 곳에 있으며 또한 통회하고 마음이 겸손한 자와 함께 있나니 이는 겸손한 자의 영을 소생시키며 통회하는 자의 마음을 소생시키려 함이라."^사 57:15 이사야

66:2에도 그분은 "무릇 마음이 가난하고 심령에 통회하며 내 말을 듣고 떠는 자 그 사람은 내가 돌보려니와"라고 하셨다. 이처럼 하나님은 부드러운 마음속에 거하시겠다고 약속하셨다. 그분을 몰아내는 돌 같이 완고한 마음속에는 그분이 거하실 수 없다. 그렇다면 하나님이 우리 마음속에 들어오실 때 아무런 복도 가져오지 않고 그냥 오실 수 있을까? 선 자체이신 그분을 선과 떼어 놓을 수 있을까? 마음이 나긋나긋하고 연약해지면 영혼과 하나님 사이에 친밀한 교제가 이루어진다. 그런데 하나님과 교제하는 그 마음이 불행해질 수 있겠는가? 말도 안 된다.

2. 마음이 연약한 사람은 자신이 창조된 목적에 적합해진다. 생각해 보라. 인간은 마음이 연약하지 않고는 절대로 자신이 지음받은 목적에 적합해질 수 없다. 우리가 구원받은 목적은 하나님을 섬기는 것이 아니고 무엇이겠는가? 하나님께 연약한 마음을 간절히 구하지 않고 그분을 섬기는 일에 적합할 사람이 누가 있겠는가?

3. 이 일에 분발하여 힘쓰려면 또 하나 생각해야 할 것이 있다. **연약한 마음은 모든 복을 받기에 적합하다.** 마음이 연약한 사람은 어떤 복이든 능히 누릴 수 있다. 연약한 마음보다 더 인간을 범사에 복되게 하는 것이 무엇이겠는가? 그런 사람은 말씀을 들을 줄 알고, 읽을 줄 알고, 다른 사람들에게 자비를 베풀 줄 안다. 그리스도는 "심령이 가난한 자는 복이 있나니 천국이 그들의 것임이요"라고 말씀하셨다. 연약한 마음이 복

이 있음은 그 마음이 있어야만 하나님의 말씀을 듣고 행하기 때문이다. 연약한 마음은 또 언제나 긍휼을 베풀기 때문에 복이 있다.

4. 반대되는 마음, 즉 연약하지 않고 복종하지 않는 마음의 비참한 상태를 생각해 보라. 우리가 방편들을 통해 마음을 부드럽게 하지 않으면, 인간의 마음은 한없이 완고해질 수 있다! 그리스도께서 돌아가실 때 아주 이상한 일들이 일어났다. 성전의 휘장이 찢어졌고, 해가 어두워졌고, 무덤들이 열렸고, 죽은 사람들이 살아났다. 현장에서 직접 보았다면 정말 무서웠을 것이다. 그런데도 위선자인 바리새인들은 그 무엇에도 떨지 않고 오히려 비웃었다. 정작 그것을 하나님이 하신 일이라고 고백한 사람들은 이교도들이었다.^{마 27:45-54} 의식儀式만 중시하는 위선자는 이슬람교도나 유대교인이나 이방인보다 더 완고하다. 이집트의 바로는 하나님의 심판을 그렇게 많이 당하고도 마음이 더 완고해졌다. 미신적인 예배를 마치고 난 후의 교황주의자들이야말로 화약 음모 사건과 반란에 가장 적합한 사람들이다.⁶ 그만큼 마음이 훨씬 더 완고하기 때문이다. 완고한 마음에 지배당하는 사람은 정말 끔찍한 상태에 도달할 수 있다! 마귀 같은 상태, 정말 유다보다 더 심각한 상태가 될 수 있다. 유다는 자신의 죄를 어느 정도 자각했고, 무죄한 피를 팔았다며 죄를 고백했다. 하지만 이런 위선자 중에는 아예 감각이 없는 사람들이 많이 있다. 정말 두려운 일이다. 엘리의 아들들은 자기 아버지의 말을 듣지 않았다. 여호와께서 그들

을 죽이기로 뜻하셨기 때문이다.^{삼상 2:25} 이는 어떤 방법도 통하지 않을 만큼 무감각한 사람들을 하나님이 장차 멸하신다는 분명한 상징이다. 그런데 막상 최후의 그날이 오면 이 위선자들도 민감해진다. 그들은 평생 그랬듯이 그날에도 자신이 무감각하기를 바랄 것이다. 하지만 지옥에서 하는 회개는 무용지물이다. 거기서는 아무리 회개해도 유익이 없다. 그들은 **여기서는** 하나님의 심판의 경고를 떨쳐 버릴 수 있었지만, **거기서는** 하나님의 심판의 실행을 떨쳐 버릴 수 없다. 마음이 완고한 사람은 누구나 머잖아 그런 무서운 종말에 이를 수밖에 없다. 지금 회개하지 않으면 그렇게 된다. 그러므로 모든 인간은 연약하고 부드러우며 유순하고 민감한 마음을 품고자 여기서 성심을 다해 힘써야 한다. 그렇지 않으면 나중에 본의 아니게 그렇게 될 텐데, 그때는 마음이 민감해져도 자신에게 아무런 유익이 없다. 이생에서는 무감각을 고집하던 위선자들이 그때는 자신의 의지와는 반대로 모든 것을 감각하게 된다.

지금까지 우리는 하나님의 마음을 움직여 요시야를 그토록 귀중히 보시게 한 요시야의 내적 원인 중 첫 번째를 살펴보았다. 그것은 바로 연약한 마음이었다.

chapter **02.**

자신을 겸손하게 하는 덕

내가 이곳과 그 주민을 가리켜 말한 것을 네가 듣고 마음이 연약하여 하나님 앞 곧 내 앞에서 겸손하여 옷을 찢고 통곡하였<u>으므로</u> 대하 34:27

하나님의 마음을 감화하여 요시야를 불쌍히 여기시게 한 요시야의 내적 원인 중 첫 번째는 연약한 마음이었다. 그 마음 덕분에 그는 자기 나라와 백성에게 임할 무서운 재앙을 직접 눈으로 보지 않게 되었다. 여기까지는 이전의 설교에서 자세히 다루었다. 아울러 연약한 마음이 되는 법, 보존하는 법, 분별하는 법, 잃었을 때 회복하는 법도 살펴보았다. 그 마음을 얻고자 힘써야 한다는 권고와 그 밖의 말들도 했다. 따라서 여기서는 그 내용을 다시 반복하지 않고 곧장 다음 부분으로 넘어간다. "하나님 앞 곧 내 앞에서 겸손하여." 하나님의 마음을 움직여 그에게 자비를 베푸시게 한 요시야의 내적 원인 중 두 번째가 이 말씀 속에 들어 있다. 바로 자신을 겸손하게 하는 것이다. "하나님 앞 곧 내 앞에서 겸손하여." 연약한 마음과 자신을 겸손하게 하는 것은 서로 짝을 이룬다. 원래 딱딱한 물체는 휘어지거나 굽어지지 않는 법이다. 단단한 쇠막대가 굽어지지 않듯이 돌같이 완고한 마음도 굽힐 줄 모른다. 그래서 연약한 마음에는 겸손이 따라 나온다. 겸손이란 자신을 바닥까지 낮추는 일이다. 일단 연약하게 녹아진 영혼은 낮아지기에 적합하며, 자신이 얼마나 낮아지든 상관하지 않는다. 그러니 자비가 뒤따를 수밖에 없다. 다음 네 가지를 생각하면 이 말씀을 더 잘 풀어낼 수 있다.

1. **겸손해진 사람.** 높은 사람인 요시야 왕이었다.

2. **겸손 자체와 겸손의 특성.** "하나님 앞 곧 내 앞에서 겸손하여"라는 표현이 겸손의 진실성을 대변해 준다.

3. **겸손해진 계기.** "내가 이곳과 그 주민을 가리켜 말한 것을 네가 듣고."

4. **겸손의 외적 표현.** 옷을 찢고 통곡했는데, 여기에 대해서는 다음 설교에서 살펴볼 것이다.

1. 우선 **사람** 자체를 생각해 보자. "네가……겸손하여." 요시야는 곱게 자라서 높은 자리에 오른 사람이다. 그래서 그의 겸손은 더욱 칭찬할 만하다. 여기서 우리는 두 가지 원리를 배울 수 있다.

원리 1. 왕도 하나님 앞에서 자신을 겸손하게 하는(낮추는) 것이 합당한 자세다. 왕이 아랫사람들에게는 아무리 신 같은 존재일지라도 위를 올려다보면 어떤 존재인가? 덜 밝은 빛은 더 환한 빛에 삼켜지는 법이다. 하나님이 보시기에는 이 땅의 모든 주민이 통 안의 한 방울 물이나 저울의 티끌처럼 지극히 미미한 존재다!사 40:15 "내가 말하기를 너희는 신들이[라]……하였으나 그러나 너희는 사람처럼 죽으[리로다]."시 82:6-7 하나님의 성도들은 그분께 쓰임받는다는 점에서 남들과 다르며, 하나님이 그들 위에 따로 이름도 새겨 놓으셨다. 하지만 그들도 역시 남들과 똑같은 재료인 흙으로 되어 있다. 마찬가지로 왕도 인간적 관점에서는 남들과 다르지만, 똑같이 흙으로 지어진 존재다. 왕도 결국 죽기는 마찬가지이며, 그 모든 영광이 흙 속에 묻히고 만다.

그러므로 왕도 하나님 앞에서 당연히 자신을 낮추어야 한다. "소멸하는 불"이신 그분 앞에 서야 하기 때문이다.히 12:29 천사들도 그분 앞에서 얼굴을 가린다. 세상 최고의 왕이라도 하나님을 대할 때는 자신을 낮추어야 하며, 이는 전혀 수치스러운 일이 아니다. 오히려 모든 사람 중에 왕이야말로 가장 겸손하게 하나님께 감사해야 한다. 하나님이 동족 중에서 그를 세워 그분 백성의 머리로 삼으셨기 때문이다. 왕에게 흔히 부여되는 재산을 생각할 때 왕은 겸손해질 수밖에 없다. 권세와 권력으로 인해서도 마찬가지다. 하나님이 "나로 말미암아 왕들이 치리하며"잠 8:15라고 말씀하시며 왕에게 권세를 주시기 때문이다. 하지만 흔히 보듯이 창세로부터 왕들은 하나님을 망각한다. 본성만 있고 은혜를 받지 못한 왕들은 그리스도께 굽히지 않는다. 자신의 즐거움과 뜻에 부합되는 만큼만 그리스도를 섬길 뿐 그 이상은 아니다.

하지만 늘 하나님은 겸손의 본분을 다하는 일부 부모들을 세워 자녀를 기르게 하셨다. 우리에게도 그리하셨으니 그분을 찬양해야 한다. 마찬가지로 그리스도인다운 왕들은 다른 여러 면에서 그렇듯이 겸손에서도 백성의 모범이 된다. 틀림없이 요시야도 그런 왕이었다. 그래서 그의 백성은 하나님 앞에서 겸손해지는 것을 수치로 여기지 않았을 것이다. 만인보다 높은 왕이 젊은 나이에 친히 백성 앞에서 위대하신 천지의 하나님께 지극히 겸손하게 무릎을 꿇었으니 말이다.

아론의 거리에 부은 기름이 머리에서 옷깃으로 흘러 발에까지 떨어지듯이^{시 133:2} 왕의 훌륭한 모범도 가장 낮은 신민에게까지 내려간다. 마치 빗물이 산에서 계곡으로 흐르는 것과 같다. 그러므로 왕부터 먼저 겸손해야 한다. 왕이 신민의 아버지라 불림은 백성에게 거룩한 애정과 자애심을 품어야 하기 때문이다. 신민에게 환난이 닥치면 왕도 함께 아파해야 한다. 신민과 상관없이 왕만 복락을 누려서는 안 되며, 신민의 안위가 곧 왕의 영광이 되어야 한다. 그래서 요시야는 임박한 심판을 자신의 것으로 받아들였다. 자신은 백성에게 임할 재앙을 면하게 되었는데도 말이다.

그뿐 아니라 하나님은 "네가……겸손하여"라고 말씀하셨다. 요시야는 행위자이자 대상자였고 작업의 주체이자 객체였다. 처음부터 끝까지 자발적 겸손이었다. 겸손은 성찰의 행위다. 요시야는 자신을 낮추었다. 스스로 낮아지는 것이야말로 참된 겸손이다. 하나님이 강제로 낮추시면 그것은 자발적인 겸손이 아니다. 이집트의 바로가 그런 경우였다. 하나님은 아무리 교만한 사람도 그가 그분의 교회를 대적하면 그를 끌어내려 낮추실 수 있다. 그러면 영광이 그분 자신에게 돌아간다. 하지만 여기 그리스도인의 영광이 있으니 곧 하나님의 은혜를 받아 스스로 자신을 낮추는 것이다. 이 겸손은 정당한 근거를 바탕으로 스스로 판단하여, 자원함으로 하나님께 굽히는 것이다. 그것이야말로 자신을 낮추는 것이다. 바로처럼 겸손하지 못한데 강압적으로 낮아지는 사람들, 마음은 그대로 교만하면서 마지못해 고개를 숙이는 사람들도 많이 있다. 하지만 요시야에 대해서는 "네가……겸손하여"라고 되어 있다. 여기서 우리가 배워야 할 두 번째 원리가 나온다.

원리 2. 겸손은 은혜에서 난 성찰의 행위다. 이 행위는 처음부터 끝까지 인간의 자발적 행위다. 하지만 성령을 배제해서는 안 된다. 하나님은 "네가 너 스스로 겸손하여"라고 하지 않으시고 "내가……말한 것을 네가 듣고……겸손하여"라고 하셨다. 우리가 자신을 낮춤은 하나님의 은혜를 받았기 때문이다. 성령께서 우리를 합당한 신민으로 대하시며 역사하신다. 이것은 은혜의 작업이다. 하나님이 하시는 일인데도 우리의 일로 표현되는 이유는 하나님이 그 일을 우리 안에서 우리를 통해서 하시기 때문이다. 그분이 주시는 겸손인데도 우리가 겸손하다고 표현되는 이유는 성령께서 성전인 우리 안에서 일하시기 때문이다. 그분은 우리의 영혼을 구성하는 지, 정, 의를 통해 일하신다. 그러므로 교황주의자들이 선행을 마치 우리에게서 난 것처럼 우리의 행위라고 말하는 것은 어리석은 일이다. 아니, 선행은 우리의 행위이되 우리 안에 계신 성령의 산물產物이다. 지금부터 하나님 앞에서 겸손해지는 일을 더 깊이 표현하기 위해 다음 몇 가지를 살펴보고자 한다.

Ⅰ. 겸손의 종류와 정도.
Ⅱ. 겸손해지는 방법에 대한 지침.
Ⅲ. 겸손해지는 동기.
Ⅳ. 겸손을 식별하는 기준.

Ⅰ. **겸손의 특성과 종류.** 우리는 겸손에 다음 두 가지 요소가 있음을 알아야 한다.

1. 내적 겸손은 우선 **생각 속에 이루어진 후에 감정으로 연결**된다.

2. **외적 겸손은 말과 행동으로 표현된다.**

(1) 우선 **내적 겸손은 우리의 실체를 확실히 깨닫는 생각**과 판단과 지식 속에 이루어진다. 이제 우리는 거만하지 않으며, 자신이 낮고 미천하다고 판단한다. 처음부터 우리 인간은 철저히 하나님께 의존적인 존재다. 우리가 살며 활동하며 존재하는 이 모두가 그분으로부터 왔다.행 17:28 - 옮긴이 우리의 마지막도 마찬가지

다. 머잖아 우리는 어떻게 될 것인가? 모든 영광은 흙으로 돌아가고, 모든 명예도 무덤에 묻히고, 모든 부도 결국 빈손으로 끝날 것이다. 아울러 참된 겸손에는 영적인 면도 포함된다. 이제 우리는 타락한 본성을 지닌 천하고 악한 존재로 자신을 제대로 판단한다. 우리는 아담의 죄성을 물려받았을 뿐 아니라 삶 속에서 스스로 수많은 죄와 잘못을 저질렀다. 우리 자신에게는 아무것도 없다. 조금도 선을 행할 능력이 없다. 악한 사람을 볼 때마다 그것이 바로 우리 자신의 모습일 수 있다. 하나님이 우리에게 은혜를 베풀지 않으셨다면 우리도 그들처럼 악해졌을 것이다. 요컨대 판단이나 지식의 내적 겸손은 자신이 본래 연약하고 비참한 존재임을 마음으로 깨닫는 것이다. 우리의 본성과 행동은 더럽고 추한 죄로 물들어 있고, 우리의 많은 죄악은 이생의 한시적 재앙은 물론 내세의 영적 재앙까지 당해 마땅하다.

한편 내적 겸손은 영적으로 죄를 깨닫는 것 외에도 **겸손한 감정**으로 이루어진다. 그런 감정은 어떤 것들인가? 수치와 슬픔과 두려움 등 형벌과 관련된 괴로운 감정들이다. 자신의 죄를 제대로 깨닫고 가책을 느끼면 그런 자신의 모습 때문에 영혼에 수치가 밀려오기 마련이다. 특히 하나님이 베풀어 주신 은혜와 우리가 그분을 어떻게 대해 왔는가를 생각하면 더욱 그렇다. 다니엘의 경우처럼 거기서 수치심과 굴욕감이 생긴다. 죄에는 조만간 수치와 슬픔이 따르게 되어 있다. 그래서 사도는 "너희가 그때에 무슨 열매를 얻었느냐. 이제는 너희가 그 일을 부끄러워하나니"롬 6:21라고 반문했다. 심판을 깨닫고 나면 언제나 수치가 찾아온다. 슬픔과 비탄도 함께 찾아온다. 하나님이 영혼의 내적 기능을 그렇게 지으셨다. 그래서 자신의 죄를 바로 알고 나면 우리 마음이 비탄에 잠기게 되어 있다. 덕분에 우리 영혼이 낮아진다. 그래서 우리는 성경의 표현대로 스스로 괴롭게 한다. 마땅히 받을 벌을 스스로 묵상한다. 그러니 내면에 감정이 생길 수밖에 없다. 그 슬픔이 수많은 칼날로 우리 마음을 찌르기 때문이다.

형벌과 관련된 세 번째 감정은 **하나님의 심판과 경고 앞에서 두려워 떠는 것이다.** 우리는 하나님의 심기를 건드렸고, 그래서 그분의 위엄 앞에서 두려움을 느낀다. 그분의 자비가 형벌을 능가하지 않는다면 우리는 지옥에 갈 수밖에 없다. 다행히 그분의 자비가 더 커서 우리는 소멸되지 않는다. 크신 하나님에 대한 두려움은 내적 겸손의 한 부분이다. 내적 겸손이란 우선 심판을 깨닫는 것이고, 그것이 슬픔과 수치와 두려움 같은 내면의 괴로운 감정들로 이어진다. 우리가 좋은 땅으로 잘 준비되어 있어 성령께서 우리 안에 그런 감정을 가꾸어 주시는 감정도 내적 겸손의 일부다. 하지만 악인들은 자신의 불경한 죄 속에 빠져 죽는다. 죄를 짓고도 수치와 두려움과 슬픔이 없기 때문이다. 그래서 그들은 나중에 가서야 끔찍한 수치와 슬픔과 두려움을 느끼게 된다. 지금 여기서 수치와 슬픔과 두려움이 없는 사람들은 심판 날 하나님과 천사들 앞에서 수치를 당하고 영원히 지옥에서 고통을 당하게 된다.

II. **외적 겸손**은 말로 표현되고 행동과 태도로 나타난다. 요시야가 한 말이 본문에 나와 있지는 않지만, 분명히 그는 자신을 낮추며 뭔가 말을 했다. 이것은 무언의 쇼가 아니라 그의 내적인 감정과 외적인 표현이 함께했다. "나도 네 말을 들었노라. 여호와가 말하였느니라"라는 본문 말씀이 분명한 증거다. 그러므로 틀림없이 요시야는 뭔가 말을 했다. 하지만 정말 슬프면 말이 또박또박 나오지 않는 법이다. 상한 영혼은 말도 더듬거릴 수밖에 없다. 그래서 요시야의 말은 기록되지 않았다. 하지만 하나님은 그 말을 다 들으셨다. 고통이 주는 슬픔이 가끔은 언어의 한계를 벗어나게 하는 법이다. 그래서 때로 사람은 슬픔을 말로 표현할 수 없다. 이교도들도 친구들을 위해서는 본능적으로 울며 슬퍼할 수 있지만, 막상 자기 자식이 눈앞에서 죽으면 목석처럼 서 있을 뿐이다. 슬픔이 너무 깊어 형언할 길이 없기 때문이다. 마찬가지로 겸손도 너무 깊으면 말로 표현이 안 된다. 다윗이 그런 경우였다. 나단에게 죄를 지적받았을 때 그는 자신의 슬픔을 다 표현하지 못한 채 "내가 여호와께 죄를 범하였노라"라고만 말했다. 그러다 나중에 가서야 시편 51편을 지어 글로써 대신 심경을 토로했다. 이 시는 겸손하고 상한 영혼에게 꼭 맞는 귀감이 되었다. 비록 기록되지는 않았지만, 요시야의 겸손도 틀림없이 말을 통해 외적으로 표현되었다. 겸손의 일부인 이 말을 가리켜 하나님께 우리 죄를 아뢰는 고백이라 한다. 여기에 죄를 미워하고 경시하는 마음과 괴로운 슬픔이 수반되어야 한다. 아울러 우리 죄로 자초한 심판을 하나님이 거두어 주시기를 바라는 마음도 따라야 하고, 죄 때문에 하나님이 내게 어떻게 하셨거나 앞으로 어떻게 하시더라도 그분이 옳으시다는 고백도 있어야 한다. "주님, 어떤 심판을 내리시더라도 주님은 옳으시고 공정하십니다. 수치와 혼란은 제 몫입니다. 제가 죄를 지었으니 주께서 제게 보응을 쏟으심이 마땅합니다. 그런데 오히려 주의 자비가 커서 제가 진멸되지 않습니다." 십자가에 달린 회개한 강도도 "우리는 우리가 행한 일에 상당한 보응을 받는 것이니 이에 당연하거니와 이 사람이 행한 것은 옳지 않은 것이 없느니라"눅 23:41라는 말로 하나님의 옳으심을 인정했다. 겸손한 사람은 하나님이 옳으시고 자신이 유죄임을 인정한다. 이것이 겸손의 외적 표현 중 하나인 말의 고백이다. 다른 외적 표현인 행동에 대해서는 두 가지로 직접 표현되어 있다. 요시야는 첫째, 옷을 찢었고, 둘째, 통곡했다. 여기에 대해서는 뒤에서 따로 살펴볼 것이다. 지금까지 우리는 겸손의 종류와 정도를 살펴보았다.

겸손은 우리에게 없어서는 안 될 자질이다. 겸손은 다른 모든 은혜를 유효하게 하는 기본 은혜다. 다시 말하지만, 겸손은 거룩하고 은혜로운 사람에게 꼭 필요한 기질이다. 그렇다면 우리는 어떻게 겸손해질 수 있을까? 다음 몇 가지 지침을 따르라고 답하고 싶다.

1. **가난한 마음을 품으라.** 가난한 마음은 자기 자신과 육체적 안락으로는 부족함을 안다. 하나님의 은총이 없이는 세상 모든 것이 헛되며, 자기 자신과 육체적 안락으로는 심판 날을 맞이하기에 역부족임을 안다. 재물에 대한 지혜자의 말은 해 아래의 다른 모든 것들에 대해서도 사실일 수 있다. "재물은 진노하시는

날에 무익하나 공의는 죽음에서 건지느니라."잠 11:4

요시야는 왕이었으므로 세상적 기준으로는 가난하지 않았다. 하지만 그는 "마음이 가난"했다. 자신이 텅 빈 존재임을 알았기 때문이다. 그는 하나님이 한 번 진노하시면 자신의 나라조차도 자신을 하나님의 심판에서 보호해 줄 수 없음을 알았다.

(1) 우리의 **근본**을 생각해 보자. 우리는 어디서 와서 어디로 가는가? 흙에서 와서 흙으로 돌아간다. 무에서 와서 무로 돌아간다. 영적인 면에서도 우리는 빈털터리다. 우리 힘으로는 아무것도 할 수 없다. 선한 생각조차 품을 수 없다.

(2) 이번에는 **우리의 죄**와 그에 따른 형벌을 생각해 보자. 우리가 마땅히 당해야 할 결과는 무엇인가? 지옥과 저주다. "불과 유황으로 타는 못"에서 위선자들과 함께 죗값을 치르는 것이다.

(3) 옛 아담의 모습, 즉 우리의 죄성을 늘 잊지 말자. 우리는 아무것에나 마음을 빼앗기고, 무슨 일로든 금방 교만해진다. 가장 작은 죄도 물리칠 힘이 없고, 조금만 괴로워도 금세 낙담에 빠진다. 어떤 복도 즐거워할 줄 모르고, 우리 힘으로는 선을 행하거나 고생을 견딜 수도 없다. 요컨대 우리의 본성은 선을 싫어하고 온갖 악으로 기운다. 바울은 다른 어떤 고통에도 요동하지 않았으나 이런 생각 앞에서는 겸손해져 이렇게 부르짖었다. "오호라, 나는 곤고한 사람이로다. 이 사망의 몸에서 누가 나를 건져 내랴."롬 7:24 우리의 마음은 이런 여러 방법을 통해 가난해진다.

2. 우리 마음이 겸손해지려면 크신 **하나님의 임재 안에 들어가자**. 그분의 임재 안에서 그분의 속성을 생각해 보라. 그분이 세상

전반과 특히 우리에게 행하시는 공의로운 일들을 떠올려 보라.

그분의 지혜와 거룩함과 능력과 힘을 우리 자신과 비교하여 생각해 보라. 그러면 자신을 혐오하며 티끌과 재 가운데 회개하게 된다. 하나님의 임재 안에 들어가 은혜의 방편과 그분의 말씀 가운데 거하자. 그러면 만신창이가 된 자신의 실체를 보게 된다. 욥도 하나님의 임재 안에 들어갔을 때 이렇게 고백했다. "내가 자신을 혐오하며 티끌과 재 가운데에서 회개하나이다."욥 42:6, KJV-옮긴이 그전까지만 해도 욥은 자신이 대단한 줄로 알았다. 하지만 하나님이 오셔서 그를 시험해 보신 결과, 욥은 주께서 그분의 자녀들에게 고난을 허락하시는 이유는 고사하고 육체적 안락의 이유조차 댈 수 없었다. 그제야 욥은 "내가 자신을 혐오하며"라고 고백했다. 아브라함도 하나님과 대화를 더 많이 할수록 자신을 한낱 티끌과 재로 보았다. 성경의 거룩한 사람들은 하나님을 대하거나 생각해야 할 때면 이런 표현을 쓰곤 했다. 세례 요한은 "나는……감당하지 못하겠노라"요 1:27라고 했다. 바울도 "나는……사도라 칭함받기를 감당하지 못할 자니라"고전 15:9라고 했다. 백부장도 "주여, 내 집에 들어오심을 나는 감당하지 못하겠사오니"마 8:8라고 했다. 야곱도 "나는 주께서 주의 종에게 베푸신 모든 은총[을]……조금도 감당할 수 없사오나"창 32:10라고 했다. 그러므로 우리도 은혜의 방편인 말씀을 통해 하나님의 임재 안에 들어가자. 그러면 자신의 악을 보게 되고, 그 결과 마음이 겸손해진다. 사도의 말처럼 가련하고 무지한 사람이 들어와 예언, 즉 하나님의 말씀을 들으면, 그것이 그에게 적용되어 그의 죄들이 구체적으로 드러난다. 그리하여 그는 "하나님이 참으로 너희 가운데 계신다"라고 고백하게 된다.고전 14:24-25

3. **자신을 낮추려면 우리의 죄와 천함을 지적하는 남들의 말에 수긍해야 한다.** 남들이 알려 주는 부분이 우리를 겸손하게 해준다면 무엇이든 수긍하자. 교만한 사람은 마귀의 피리이고 아첨꾼은 그 피리를 부는 악사다. 그래서 인간은 자기 것이라곤 하나도 없으면서도 아첨꾼의 말에 귀를 쫑긋 세운다. 그러다 잔뜩 교만에 부풀어 참 자아를 잃어버린다. 반면에 참되고 지혜로운 사람은 자신을 하나님 앞에서 겸손하게 해주는 말이라면 무엇이든 달게 받는다.

4. 또한, 겸손해지려면 **머잖아 자신이 어떻게 될지 앞날을 내다보라.** 심판 날 우리는 모든 것을 벗고 흙과 먼지로 돌아갈 것이다. 그러니 이 세상에 우쭐댈 만한 것이 무엇이 있겠는가? 우리의 모든 영광과 화려함과 부는 결국 수치와 혼란과 빈곤으로 끝날 것이다. 이상하게 마귀는 인간들을 부추겨, 내 것도 아니고 빌려서 얻은 것들 때문에 교만하게 만든다. 그래서 인간은 부모 때문에 교만해진다. 본래 자기 것도 아닌 옷차림 때문에 우쭐해지는 사람들도 많이 있다. 그야말로 육체적 안락으로 인한 교만이다. 마귀가 우리의 본성을 그렇게 홀려 놓았다. 그래서 우리는 자신을 비참하게 만들 것들을 자랑하고, 내 소유도 아닌 것들 때문에 으스댄다. 심지어 하나님의 교회에도 겸손과 거리가 멀고 오히려 교만을 드러내는 사람들이 많이 있다. 그들은 자신을 드러내 남의 눈에 띄려 한다. 이렇듯 마귀는 수없이 미련한 사람들

을 홀려 하나님의 집에 허영심을 품고 나오게 한다. 그들은 하나님 앞에서 자신을 낮추기는커녕 그분 앞에서조차 천하고 헛된 교만에 잔뜩 부풀어 있다. 그러므로 우리는 자만에 빠지는 집요한 성향을 조심하자. 하다못해 남에게 없는 새로운 옷이나 물건만 생겨도 그것 때문에 인간은 얼마나 자만해지는지 모른다!

다시 말하지만 우리는 교만의 죄에 빠지는 성향을 조심해야 한다. 최고의 사람들도 이 죄에 빠지기 쉽다. 생각해 보라, 이것은 지독히 가증스러운 죄요 하나님이 가장 미워하시는 죄 중의 죄다. 하나님이 아담을 낙원에서 쫓아내신 것도 이 죄 때문이고, 악한 천사들을 천국에서 쫓아내신 것도 이 죄 때문이다. 악한 천사들은 다시는 천국으로 돌아갈 수 없다. 물론 하나님은 그토록 미워하시는 이 죄도 다른 죄들과 함께 치료하신다. 바울은 받은 계시가 많아 자칫 교만해지기 쉬웠으나 육체의 가시가 그것을 치료해 주었다. 위험하고 불쾌하고 이상한 치료를 받은 셈이다. 사실 어떤 사람들은 차라리 실족하는 게 유익하다. 그러면 자신의 연약함 때문에 겸손해져 이 교만이라는 신성모독의 중죄를 고침받을 수 있기 때문이다. 교만이 왜 신성모독의 죄인가? 하나님의 영광을 도둑질하기 때문이다. 일찍이 하나님은 "나는 내 영광을 다른 자에게……주지 아니하리라"[사 42:8]라고 말씀하셨다. 하나님의 은혜와 선하심과 자비가 우리에게 부족한가? 그래서 그분의 특권을 침해하여 스스로 높아져야 하는가? 자신이 잘났다고 생각할 때 우리는 우상숭배자이자 또한 우상이 된다. 자신을 우상으로 만들기 때문이다. 하나님은 우상숭배를 미워하신다. 교만도 신성모독이므로 하나님은 교만을 미워하신다.

5. 자신을 낮추려면 복되신 **우리 구주의 모범을 늘 바라보자**. 우리는 그분을 닮아야 한다. 우리가 구원받을 소망은 오직 그분께 있다. 그분은 천국을 떠나 우리의 천한 본성을 입으셨고, 십자가에 죽기까지 낮아지셨고, 제자들과 그중에서도 특히 유다의 발을 씻어 주셨고, 반역자로 죽임을 당하셨다.빌 2:5-8 이 모두가 우리를 위해 하나님의 진노를 충족하기 위해서였고, 이로써 그분은 우리가 닮아야 할 모범이 되셨다. 그러므로 우리가 누군가를 본받아 겸손해지려 할진대 여기 완전무결하신 모범이 계시다. 그분을 닮은 모습으로 변화되자. 그분을 생각할수록 우리는 겸손해질 수밖에 없다. 겸손하신 그리스도를 묵상하고 나의 구주로 믿고 내게 적용하는 사람이 그 믿음 때문에 마음이 낮아지지 않기란 불가능한 일이다. 그런 사람은 영적으로 모든 면에서 그리스도를 닮아갈 수밖에 없다. 제 잘난 맛에 사는 모든 육신적 자만에서 돌이켜 그분처럼 될 수밖에 없다. 우리 구주는 겸손히 낮아지셨고, 모든 천한 일도 마다하지 않으셨고, 머리를 두실 집도 없었다. 그런데 그런 그분을 통해 구원받았다는 사람이 고의로 교만해진다는 게 가능한 일인가? 낮아지신 그분을 생각하는 사람이 일부러 높아질 수 있는가? 그리스도를 통해 구원받기를 바라는 우리가 그분을 닮지는 않겠다는 것인가? 우리가 지옥의 땔감일 때 그분은 천국과 행복을 잠시 버리시고 십자가에서 죽기까지 낮아지셨다. 우리의 수치를 대신 지시고 우리의 모범이 되셨다. 알다시피 그리스도는 한 겸손한 처녀를 통해 세상에

태어나셨다. 그렇다면 그분이 거하실 마음도 겸손한 마음이라야 한다. 우리가 참으로 그리스도를 믿는다면 그 믿음이 우리를 겸손하게 끌어내릴 것이다. 믿음이 있는 사람은 그리스도의 어느 한 부분에라도 이의를 제기할 수 없기 때문이다. 오히려 그는 겸손히 그리스도의 형상을 닮아갈 뿐이다. 그러므로 우리는 그리스도의 권고를 그대로 따르자. "나는 마음이 온유하고 겸손하니 나의 멍에를 메고 내게 배우라. 그리하면 너희 마음이 쉼을 얻으리니."마 11:29

6. 겸손해지려면 **내면의 논리적 대화를 통해 우리 영혼을 가꾸어 나가자.** 영혼은 자신을 가꾸는 기능이 있다. 겸손은 성찰의 행위인 만큼 뭔가 내적 행위를 통해 이루어져야 한다. 그것은 무엇인가? 이런 식으로 자신과 대화하는 것이다. "내가 어떤 군주의 법을 어겨 그가 내게 눈살을 찌푸린다 하자. 그러면 내 처지가 어떻게 되겠는가! 그런데 위대하신 천지의 하나님이 경고하실 때 내 마음에는 얼마나 무신론적 불신이 가득한가! 티끌과 재에 지나지 않는 일개 인간의 경고에는 벌벌 떨면서 크신 하나님의 경고에는 꿈쩍도 할 수 없단 말인가!" 또 이런 생각도 해보라. "어떤 사람이 나한테 아주 친절하게 아량을 베풀었는데 내가 그 친절을 불친절로 갚는다 하자. 나는 부끄러워 차마 얼굴을 들 수 없을 것이다. 그런데 내게 한없이 친절하신 하나님께는 이리도 불친절하면서 조금도 부끄러운 줄조차 모른다니 말이 되는가! 나를 찾아온 친구에게 아무런 대접도 하지 않는다면 얼마나 부끄러운 일인가! 그런데 성령께서 내 마음 문을 두드리시는데도 나

는 그분께 퇴짜를 놓은 적이 얼마나 많은가! 그분은 내게 회개하고 죄를 끊고 새 생명을 누리라며 수많은 거룩한 몸짓을 일러 주셨다. 그런데도 나는 은혜의 외적 방편을 거부하며 나와 무관하게 여기기 일쑤였으니 얼마나 부끄러운 일인가!"

이렇듯 이 땅의 일에 대한 우리의 태도를 천국의 일에 대한 태도와 비교해 보면, 이를 통해 우리 마음과 내면을 겸손하게 가꿀 수 있다. 다윗도 그렇게 낮아졌다. 나단이 와서 그에게 어느 부자의 이야기를 해주었다. 부자는 양 떼가 많았고 가난한 사람은 양 한 마리가 전부였지만, 굳이 부자는 자기 것을 아끼고 가난한 사람의 것을 빼앗았다. 다윗은 자기가 우리아를 그렇게 대했음을 깨닫고 자신의 행실에 대해 낙담과 수치를 느꼈다. 우리도 힘써 겸손한 마음을 가꾸자. 우리가 참된 슬픔과 수치와 두려움을 품으면 하나님이 우리를 불쌍히 보시고 귀히 여기신다. 그분은 겸손한 영혼만 존중해 주신다. 지금까지 우리는 겸손해지는 방법에 대한 몇 가지 지침을 살펴보았다.

나아가 이런 성찰의 행위에는 순서와 방법과 원리가 있다. 우선 영혼의 칼날을 안으로 돌려 자신을 성찰해야 한다. 안식에 이르는 길은 자아 성찰에 있다. 우리는 자아를 엄격하게 살핀 뒤에 하나님 앞에 나아가 자신을 심판하고 정죄해야 한다. 겸손은 일종의 형 집행이다. 성찰이 먼저이고 나머지는 다 그 뒤에 따라온다. 그러므로 우리가 취할 행동의 순서는 이렇다. 우선 하나님 앞에서 자아를 엄격하게 성찰한다. 그다음에 자신을 고발하고 끝으로 자신을 심판한다.

오, 우리가 이런 내적 성찰의 행위를 통해 자아를 점검하고 고발하고 심판하고 정죄할 수 있다면 얼마나 좋겠는가! 그러면 하나님의 수고를 덜어 드리는 것이며, 결국 모든 일이 잘될 것이다!

Ⅲ. 이번에는 앞서 제시했던 세 번째 주제로 넘어간다. 바로 **우리가 겸손해지는 동기다.**

1. 성품이 겸손한 사람에게 주어진 은혜로운 약속을 생각해 보라. 이사야 57:15이 좋은 예다. "지극히 존귀하며 영원히 거하시며 거룩하다 이름하는 이가 이와 같이 말씀하시되 내가 높고 거룩한 곳에 있으며 또한 통회하고 마음이 겸손한 자와 함께 있나니 이는 겸손한 자의 영을 소생시키며 통회하는 자의 마음을 소생시키려 함이라." 보다시피 하나님은 겸손한 자에게 은혜를 주신다고 약속하셨다. 이런 자비를 므낫세의 예에서 볼 수 있다. 그는 극악무도한 왕이었지만 나중에 겸손해진 덕분에 자비를 얻었다. 베드로와 다윗도 겸손해져서 자비를 얻었고, 요시야도 마찬가지다. 야고보서 4:10에도 똑같은 명령이 나온다. "주 앞에서 낮추라. 그리하면 주께서 너희를 높이시리라." 이렇듯 겸손에는 예외 없이 약속이 딸려 있다. 죄의 고백도 이와 비슷하다. 죄를 고백하고 버리는 사람은 자비와 용서를 얻는다. 마찬가지로 자신을 심판하는 사람은 심판을 받지 않는다.

겸손한 마음은 모든 은혜를 담는 그릇이다. 겸손은 은혜 자체이자 은혜의 그릇이다. 겸손은 영혼을 성숙하고 거룩하게 한다. 겸손한 영혼보다 더 하나님께 합당한 영혼은 없기 때문이다. 겸손은 다른 모든 은혜를 유효하게 하는 기본 은혜다. 겸손이 많을수록 은혜도 많아진다. 다른 은혜의 분량도 겸손의 분량대로 정해진다. 겸손한 마음은 영적으로 비어 있기 때문이다. 겸손은 마음을 비우게 하기에 하나님이 채우실 수 있다. 덧없는 것들을 비운 마음은 영적인 것들로 채워질 수밖에 없다. 비어 있는 상태를 본능도 싫어하지만, 은혜는 훨씬 더 싫어한다. 낮아진 마음은 영적으로 비어 있다. 그 빈자리를 성령이 아니면 무엇으로 채우겠는가? 우리가 자신을 비우는 분량만큼 하나님이 충만하게 채워 주신다. 겸손한 사람은 모든 선을 행하기에 합당하다. 그러나 교만한 사람은 모든 악을 행하기에 합당하며 모든 선을 밀쳐 낸다. 하나님이 거하시는 천국은 두 곳뿐이니 하나는 하늘의 하늘이요 또 하나는 가난하고 겸손한 사람의 마음이다. 교만으로 부푼 마음은 하나님이 들어오시는 것을 견디지 못한다. 야망에 차 있고 기고만장하며 자신을 믿기 때문이다. 하지만 하나님은 겸손한 사람의 마음속에 쉽게 거하신다. 우리도 나중에 천국에 거하려면 지금 자신을 낮추어야 한다. 자신으로 부요한 사람들을 하나님은 "빈손으로 보내셨"지만,눅 1:53-옮긴이 겸손한 영혼은 하나님으로 부요한 영혼이다. 그러므로 하나님은 겸손한 자들을 중시하시고 교만한 자들을 물리치신다. 산 위의 모든 물이 골짜기로 흐르듯이 모든 은혜는 겸손한 사람에게로 흐른다. 길보아 산은 저주를 받았다.삼하 1:21 이렇듯 교만에는 저주가 임한다. 교만한 마음은 하나님께 굽히지 않기 때문이다.

2. 모든 외적 행동은 다른 사람들에게 유익을 주지만, 자아를

낮추는 내적 행동은 영혼 자신을 유익하게 한다.

3. **겸손한 영혼은 안전하고 무사한 영혼이다.** 높은 데 있지 않고 낮은 데 있는 사람은 떨어질 염려가 없다. 마찬가지로 겸손한 영혼은 안전하다. 우선 외적 환난의 부분에서 안전하다. 우리가 스스로 낮아지면 하나님이 다른 심판을 내리려고 우리를 쫓아다니실 필요가 없다. 겸손한 영혼은 또한 하나님이 주시는 내적 고통이나 환난의 부분에서도 안전하다. 영혼이 스스로 낮아져 바닥에 납작 엎드리면 하나님이 더 고통을 주실 일이 없다. 농부가 이미 충분히 개간한 땅에 다시 쟁기질을 하던가? 그런 쟁기질을 즐기던가? 이사야가 그런 취지로 한 말을 이사야 28:28에서 읽어 보라. 하나님은 스스로 낮아진 사람을 보시면 다른 심판을 내리려고 그를 쫓아다니지 않으신다. 그런 사람은 하나님께 이렇게 아뢸 수 있다. "주님, 제가 양심 속에서 이미 재판을 열어 저를 심판하고 낮아졌습니다. 그러니 주께서는 저를 심판하지 마소서. 주님의 뜻이면 무엇이든 하겠고, 주께서 원하시면 무엇이든 당할 각오가 되어 있습니다. 천 배나 더 심한 결과를 당해 마땅한 저이지만, 주님, 제가 티끌과 재에 지나지 않음을 기억하소서." 이렇게 영혼이 스스로 낮아지면 하나님은 그분의 수고를 더신다. 하지만 그 일을 우리가 하지 않으면 하나님이 우리를 맡으신다. 하나님께는 신이 하나뿐이다. 우리가 스스로 높아져 신이 되면 그분이 우리를 맡아 조만간 낮추신다. 하나님은 우리를 사람들의 무자비한 분노와 격노에 넘겨 그들을 통해 낮추실 수도 있고, 또는 "소멸하는 불"이신 그분 자신의 손안에 우리

를 빠지게 하실 수도 있다. 그보다 우리 스스로 낮아지는 게 낫지 않겠는가? 우리 스스로 자신을 고발하고 심판하면 많은 수치와 슬픔이 미연에 방지된다. 하나님이 우리를 세상의 수치와 고통에 넘기신 이유는 우리 스스로 낮아지지 않기 때문이다. 많은 사람들이 저주받고 지옥에 가는 이유가 무엇인가? 하나님이 이성과 판단력과 감정을 주셨는데도 그들이 그것을 구사하여 자신의 행실을 성찰하지 않았기 때문이다. 자신이 저주받은 상태인지 구원받은 상태인지 살피지 않았기 때문이다. 그들은 그런 목적으로 감정과 판단력을 구사한 적이 없다. 그래서 하나님이 그들을 맡으실 수밖에 없었다. 이 점을 아우구스티누스가 잘 표현했다. 스스로 낮아지든 하나님이 낮추시든 모든 인간은 어차피 낮아지게 되어 있다.[7] 그 일을 우리가 하면 사도가 약속한 대로 주의 판단을 받지 않는다.고전 11:31 하지만 우리는 마땅히 해야 할 그 일을 하지 않는다. 그것이 은밀한 행동이기 때문이다. 우리는 사람들의 눈에 띄는 일을 좋아한다. 그런데 내적 겸손은 하나님과 자기 양심의 눈에만 보인다. 그러므로 우리는 이 세 번째 동기를 통해 분발하여 스스로 낮아져야 한다. 어차피 우리는 낮아지게 되어 있다. 우리 쪽에서 겸손해지면 얼마나 많은 심판을 면하겠는가! 스스로 자신을 심판하면 얼마나 많은 치욕을 미리 막겠는가! 그토록 많은 그리스도인이 치욕스러운 죄에 빠져 하나님을 노하시게 하고 원수의 손에 떨어지는 이유는 무엇인가? 자신을 낮추는 일을 귀찮아 하며 수고를 아끼기 때문이 아닌가? 그렇게 수고를 아끼려고 그들은 계속 질주한다. 하지만 스스로 겸손을 가꾸지 않기 때문에 나중에 절망적 상태에 도달한다. 그러므로 우리는 기회 있는 대로 겸손해져서 주 하나님을 만날 준비를 해야 한다. 하나님의 심판을 외치는 소리밖에 들리지 않을 때, 우리도 선한 요시야처럼 낮아져야 한다. 요시야는 자기 땅에 재앙이 닥치리라는 경고밖에 들리지 않을 때 마음을 낮추었다.

질문 하지만 여기서 이런 질문이 나올 수 있다. 악인들도 종종 겸손해지고, 양심에 죄를 깨닫고, 부끄러움을 느끼지 않느냐는 것이다.

IV. 거룩한 겸손과 위선적 겸손을 어떻게 구분할 수 있는가? 이것이 겸손에 대해 앞서 제시했던 마지막 주제다. 참된 겸손과 거짓된 겸손을 식별하는 기준과 특징은 다음과 같다.

대답 1. **거룩한 겸손은 자발적이다.** 그것은 처음부터 끝까지 인간의 자아에서 비롯되는 성찰의 행위다. 그래서 요시야도 자진해서 겸손해진 것으로 표현되어 있다. 반면에 다른 사람들의 겸손은 본의 아닌 겸손이다. 거짓된 겸손은 자발성이 없이 억지로 강요된 것이다. 하나님은 얼마든지 그들을 깨뜨리시고 부수시고 엄하게 다루신다. 그러면 그들은 못마땅해서 투덜거린다. 하지만 하나님의 자녀들에게는 하나님의 영이 계신다. 성령은 자유의 영이시므로 그들의 마음을 해방시키시고, 성령은 역사하는 영이시므로 그들의 마음을 가꾸신다. 그래서 그들은 자원하여 낮아진다. 하지만 성령이 없는 악인들은 자원하여 낮아질 수 없고, 자신의 의지에 어긋나게 콧대가 꺾일 뿐이다. 하나님은 아무리 교만한 사람이라도 능히 끌어내리실 수 있다. 그분은 바로의 배짱을 꺾으셨다. 바로는 자신을 낮춘 게 아니라 억지로 낮추어졌다. 인간은 억지로 낮추어져도 겸손하지 않을 수 있다. 하지만 하나님의 자녀들은 자신을 낮추어야 한다. 그렇다고 겸손해지는 은혜가 우리 자신에게서 난다는 말이 아니다. 하나님은 우리에게 주신 인격의 모든 요소를 친히 주관하신다. 즉, 지혜와 깨달음을 주셔서 우리의 비참한 모습을 보게 하시고, 우리의 의지와 감정까지 거기에 반응하게 하신다. 이럴 때 성경은 우리가 자신을 낮추었다고 표현한다. 우리가 자신을 낮출 수 있음은 하나님이 우리 안에서 일하시기 때문이다. 물론 하나님은 위선자를 낮추어 그를 통해 일하실 수도 있다. 그분은 은혜를 모르는 악인들을 통해서도 일하실 수 있다. 하지만 그들 안에서는 일하지 않으신다. 그러나 하나님의 자녀들 안에는 그분의 영이 계신다. 성령께서 자녀들을 통해 일하시는 것까지는 위선자들과 악인들의 경우와 다를 바 없다. 하지만 자녀들의 경우에는 성령께서 그들 안에서도 일하신다. 그러므로 참된 겸손과 가짜 겸손의 주된 차이는 이것이다. 전자는 자신을 낮추어 겸손을 가꾸는 자발적 성찰 행위지만 후자는 마지못해 하는 겸손이다.

2. **참된 겸손에는 언제나 개혁이 수반된다**. 겸손하게 네 하나님과 함께 행하라고 선지자는 말했다. "사람아, 주께서 선한

것이 무엇임을 네게 보이셨나니 여호와께서 네게 구하시는 것은 오직……겸손하게 네 하나님과 함께 행하는 것이 아니냐."미 6:8 하지만 악인들의 겸손은 결코 개혁으로 이어지지 않는다. 그들은 하나님과 함께 행하지 않는다. 요시야는 자신뿐 아니라 백성까지 개혁하여 최대한 그들을 외적인 순종에 이르게 했다. 하지만 그들의 마음까지 지배할 수는 없었다.

3. 죄가 우리 영혼에 쓴맛으로 느껴져야 한다. 그렇지 않고는 결코 죄로 인해 참으로 겸손해질 수 없다. 모든 새로워진 영혼 안에는 악을 미워하고 혐오하는 마음이 숨어 있다. 이것이야말로 겸손과 개혁이 둘 다 진실하고 확실하다는 증거다. 죄를 미워하는 마음은 다음 세 가지 방식으로 표출된다.

(1) 하나님의 마음을 조금도 아프시게 하지 않겠다는 진지한 의지와 결단이 있다. 술고래는 술을 끊기로 결심해야 하고, 욕쟁이는 더러운 욕지거리를 버리기로 하나님과 양심을 두고 다짐해야 한다. 그리고 그 부분에서 위로부터 오는 도움을 간절히 부르짖어야 한다.

(2) 죄의 기회와 유혹을 피하려는 끊임없는 노력이 있어야 한다. 그래서 욥은 "처녀에게 주목"하지 않기로 자기 눈과 약속했다.욥 31:1 마찬가지로 모든 더럽고 부정한 인간은 자신이 가장 중독되어 있는 죄들을 끊기로 자신과 약속해야 한다. 하나님을 섬기려면 호세아의 말대로 "내가 다시 우상과 무슨 상관이 있으리요"호 14:8라고 고백해야 한다. 이렇듯 우리는 천국을 바라보며 자신의 모든 죄를 버려야 한다.

(3) 우리의 고백 속에 죄를 미워하고 혐오하는 마음이 들어 있어야 한다. 죄를 지은 모든 정황과 때와 장소와 더불어 그 마음도 함께 고백해야 한다. 다윗처럼 우리도 자신의 범죄를 적나라하게 아뢰어야 한다. "내가 주께만 범죄하여 주의 목전에 악을 행하였사오니."시 51:4 사도도 똑같이 했다. "내가 전에는 비방자요 박해자요." 그는 자신의 죄를 대충 둘러대거나 윗사람들이 시켰다고 변명하지 않고 자기가 그랬노라고 술회했다. 자신의 마음이 악해서 "나는 하나님의 교회를 박해"했다고 고백했다. 진정한 그리스도인은 자신의 죄를 숨기지 않고 드러내며, 이를 통해 하나님 앞에서 더욱 겸손해진다. 이렇게 자신의 죄를 적나라하게 고백하면 죄가 우리에게 더욱 악해지고, 우리는 그 죄를 보며 더욱 겸손해진다. 삶의 참된 개혁에는 늘 모든 죄에 대한 의분이 수반된다. 하나님의 자녀에게는 일체의 악에 대항하는 속성이 있다.

[1][8] 그러므로 우리는 일단 **모든 죄를 미워해야 한다**. 하나의 죄만 아니라 죄라는 죄는 다 미워해야 한다. 그중에서도 특히 자신을 가장 지배하는 죄, 자기 마음속에 가장 우세한 죄를 미워해야 한다. 진실한 그리스도인은 자기 속에 있는 죄를 가장 미워한다. 다른 사람의 죄를 미워하면서 자기 속에 죄를 품고 있어서는 안 된다.

[2] **죄가 가까이 올수록 죄를 더 미워해야 한다**. 죄가 나 자신에게 다가오든, 자녀와 친구 안에 있든, 기타 어떤 식으로 찾아오든 마찬가지다. 다윗은 아들 압살롬의 악한 행실을 꾸

짖지 않는 잘못을 범했다. 엘리도 자기 아들들을 책망하지 않았다. 그 결과를 우리는 잘 알고 있다. 압살롬과 엘리의 두 아들은 완전히 망하고 말았다.

[3] 참으로 죄를 미워하는 사람은 **자신의 과오에 대한 지적과 책망을 잘 받아들인다**. 밭에 독초가 퍼져나가고 있다면 밭 주인은 그 해악을 지적해 주는 사람을 미워하지 않는다. 당신이 만일 자신의 이런저런 죄를 지적해 주는 사람을 미워한다면, 이는 당신이 타락을 즐기고 있다는 표시다.

다만 잊지 말고 주의해야 할 것이 있다. 책망하는 사람은 교만한 마음으로 해서는 안 되며, 선을 행하려는 동기에서 사랑과 온유한 태도로 해야 한다. 어떤 사람들은 이기심에 가득 차서, 자신이나 다른 사람들의 죄를 미워하기는커녕 오히려 죄를 용납하고 지지한다. 특히 힘 있는 사람들에게 그렇게 한다. 비굴한 유머로 그들에게 아첨하는가 하면, 괜히 진실을 말하다가 그들의 적이 되지 않을까 두려워한다.

[4] 죄를 미워하는 사람은 **기꺼이 죄에 대해 말할 수 있어야 한다**.

뱀이나 두꺼비를 싫어하는 사람은 그것을 피해 달아난다. 마찬가지로 참으로 죄를 혐오하는 사람은 차마 죄의 근처에도 가지 않는다. 그렇다면 모든 죄의 낙을 음란하게 즐기는 사람들은 어찌 된 것인가? 죄를 미워하는 감정이 있으면 그것이 행동으로 나타나기 마련이다. 죄를 지어야 직성이 풀리는 사람들은 아직 참으로 죄를 미워한 적이 없다.

조국의 죄로 인해 아파하지 않는다면 이는 우리가 죄를 미워하지 않는다는 표시다. 다윗은 "게달의 장막 중에 머무는 것이 내게 화로다"시 120:5라고 했고, 또 "그들이 주의 법을 지키지 아니하므로 내 눈물이 시냇물 같이 흐르나이다"시 119:136라고 했다. 롯의 영혼은 악인들의 부정한 대화를 들으며 괴로워했다.벧후 2:7 하지만 우리는 이 부분에서 얼마나 부족한가! 이 나라의 가증한 죄들을 보며 통곡하기는커녕 오히려 극도의 반항적 태도로 하나님을 대적하는 사람들이 태반이다. 심지어 그들은 다른 사람들까지 떠밀어 그분께 죄를 짓게 만든다. 이 땅의 목민관들에게 다윗의 마음이 있는가? 그들은 악을 행하는 모든 사람을 나라에서 끊어 버리려 노력하는가? 물론 그들도 작고 소소한 일에는 정의를 시행할 것이다. 하지만 하나님의 순수한 영광은 어디 있는가? 우리의 우상숭배와 안식일 위반과 신성모독을 개혁하려 힘쓰는 사람들은 어디 있는가? 마귀의 선동에 놀아나는 사람들이 얼마나 많은지 딱할 정도다. 그들은 다른 사람들을 부추기고 기회를 주어 악을 행하게 만든다. 우리는 작은 불티 하나만 날아와도 금방 불붙는 부싯깃과 같고, 꼴사납게 온갖 유행을 좇아 여자처럼 입고 다니는 남자들과 같다. 이러고도 우리가 죄를 미워한다고 할 수 있는가? 죄를 책망받을 때 변호하거나 변명하기에 바쁜 사람들이 정말 죄를 미워하는 사람들인가? 그들은 자신의 교만을 무난한 행위로, 비참한 탐욕을 검소함으로, 술 취함을 좋은 사교로 가볍게 일축한다.

죄에 대한 의분이 더 깊어지려면 다음 몇 가지를 생각해 보면 좋다.

1. **죄는 흉측한 것이다.** 죄는 전능하신 하나님을 대적하는 일이며 그분께 가증스러운 것이다. 옛 세상과 소돔의 경우에서 그것을 볼 수 있다. 죄 때문에 하나님은 자신의 피조물을 싫어하시게 되고, 심판 날에 악인들에게 "저주를 받은 자들아……영원한 불에 들어가라"마 25:41라고 말씀하신다. 인류에게 임하는 모든 질병과 고통의 원인은 바로 죄다. 죄의 근원이자 아비는 마귀다. 따라서 우리는 하나님께 죄를 지을 때마다 마귀의 정욕대로 행하는 것이다.

아무리 작은 죄라도 죄의 대상은 바로 선하신 하나님이다. 우리는 무한히 엄위하신 그분께 죄를 짓는 것이다. 우리의 존재와 모든 소유는 하나님이 주신 것이다. 하나님은 늘 기다리고 계시다가 당신이 그분께 돌아오면 영생을 주신다. 하지만 당신이 그분의 선하심을 멸시하고 계속 그분의 영광의 눈을 범한다면사 3:8-옮긴이 그분은 무섭게 보응하신다. 그분은 언제라도 우리의 몸과 영혼을 능히 지옥에 멸하실 수 있다.

죄는 만복을 죽이는 독이다. 자신의 영혼보다 죄를 더 사랑하면 그것이 우리를 파멸에 빠뜨린다. 죄는 모든 복을 쓴맛으로 변하게 하며, 영적 삶의 본분을 다하지 못하게 한다. 죄인 줄 알면서도 그 속에서 살아가는 한, 우리의 기도까지도 하나님께 가증해진다. 죽음의 때와 심판 날이 그토록 끔찍한 것은 죄 때문이 아니고 무엇인가?

2. **하나님의 사랑 안에서 자라라.** 그분을 즐거워할수록 우리는 그분께 어긋나는 모든 것을 미워하게 된다. 하나님과 그분의 진리를 사랑하는 만큼 그에 비례하여 모든 악을 혐오하게 된다. 이 둘은 늘 서로 짝을 이룬다. 그러므로 주님을 사랑하고 악한 일을 미워하라. 그분을 가까이할수록 모든 저속한 것과 그만큼 멀어진다.

3. 죄에 대한 의분이 더 깊어지려면 **감정의 방향을 바른 대상으로 돌려야 한다.** 그리스도인은 이렇게 생각해야 한다. "하나님이 왜 나에게 사랑의 감정을 주셨을까? 이런저런 정욕이나 악한 길을 따르라고 주셨을까? 미움의 감정은 왜 주셨을까? 형제를 시기하고 선한 길을 정죄하라고 주셨을까? 아니다. 내 영혼의 모든 기능은 하나님이 주신 것이므로 당연히 그분의 영광을 위해 사용해야 한다. 그분이 사랑하시는 것을 나도 사랑하고 그분이 미워하시는 것을 나도 미워해야 한다." 하나님의 진리와 그분의 길과 그분의 자녀들은 우리가 사랑하기에 합당한 대상이다. 반면에 사탄과 그의 어두운 행위는 마땅히 우리가 의분과 미움을 품어야 할 대상이다.

4. **참된 겸손은 믿음에서 나온다.** 믿는 사람들은 심판이 임할 때만 아니라 심판이 오기 전부터 겸손해진다. 그들은 믿음으로 심판을 내다보고 자신을 낮춘다. 참된 겸손은 경고 앞에서 떤다. 착실한 아이는 아버지가 눈살만 찌푸려도 두려워한다. 요시야도 자기 땅을 향한 경고만 듣고도 티끌과 재를 뒤집어쓰며 "옷을 찢고" 자신을 낮추었다. 이렇듯 참된 겸손은 심판을 미리 내다

보며 떤다. 하지만 악인들은 심판이 닥치기 전에는 낮아지지 않는다. 세속적인 사람들은 멀리서 천둥소리가 들려도 꿈쩍도 하지 않는 사람들과 같다. 그들은 당장 머리 위에 번개가 내리쳐야지만 떤다. 이렇듯 위선자들은 먼 훗날의 심판에는 관심이 없다. 지금 하나님의 교회 전반이 비참한 상태에 있는데도 우리는 나만 복을 받으면 다 괜찮다고 생각한다. 막상 심판이 닥치면 겸손해져도 소용없다. 바로의 경우도 그랬다. 심판이 걷히자 그는 다시 이전의 편견으로 돌아갔다.

요컨대 우리의 겸손을 시험해 볼 기준은 다음과 같다. 나는 개인적으로 하나님 앞에서 기꺼이 낮아질 수 있는가? 나 자신을 성찰할 마음이 있는가? 내면의 음성이 내 삶의 이런저런 죄를 지적해 줄 때, 나는 외적 겸손에 머물지 않고 삶의 개혁으로 나아가는가? 사적인 심판이나 공적인 심판의 경고를 들을 때 내 마음은 그 경고 앞에서 떠는가? 많은 사람들이 다음과 같은 구실로 자신을 속인다. 심판이 닥치면 그때 가서 회개하고 하나님의 자비를 구하겠다는 것이다. 그전에 죄의 낙을 버릴 이유가 무엇이냐는 것이다. 하지만 이것은 강제적 겸손에 지나지 않는다. 하나님을 사랑하는 마음이 아니라 자신을 사랑하는 마음에서 비롯된 것이다. 자발적 겸손이 아니므로 당신은 그 상태로 지옥에 갈 수도 있다. 그런가 하면 회개를 뒤로 미루다가 때를 놓치는 사람들도 있다. 그들은 몸에 병이라도 나면 그제야 하나님의 자비를 구한다. 이것은 아합이나 바로의 겸손과 다를 바 없다. 하나님을 사랑하는 마음에서 나온 게 아니라 마지못해 하는 억지일 뿐이다. 하나님이 심판으로 우리를 덮치시면 그때는 이미 너무 늦다. 그분이 경고하실 때 바로 겸손해지라. 이미 그분은 교회 전반의 여러 부분을 덮치셨다. 그러므로 지금 회개하여 하나님을 만나라.

5. 참된 겸손과 거짓된 겸손의 다섯 번째 차이는 이것이다. **참된 겸손에는 희망이 따른다.** 겸손은 우리 영혼을 위로하고 일으켜 세운다. 그렇지 않다면 그것은 겸손이 아니라 절망이다. 귀신들은 자신의 절망적 상태 때문에 안절부절못하며 초조해한다. 희망이 없기 때문이다. 희망이 없다면 참되고 확실한 겸손도 있을 수 없다. 참된 겸손은 우리를 하나님께로 데려간다. 우리 스스로 겸손히 버린 것들을 하나님이 도로 주실 수도 있다. 그래서 겸손은 은혜다. 겸손해지면 우리 자신은 아무것도 아니지만 대신 모든 것 되신 하나님을 얻는다. 하나님과 우리 사이에 겸손이 작용하면, 우리 마음은 자신을 떠나 하나님께 둥지를 틀고 뿌리를 내린다. 그리고 하나님께 위로와 확신을 구한다. 그것이 없는 곳에는 참된 겸손도 없다. 겸손보다 이익이 많은 것은 세상에 없다. 겸손 자체는 빈털터리 같지만, 우리 영혼을 하나님께로 데려가기 때문이다. 그분이 모든 것을 채워 주신다. 그러므로 어떤 잘못을 범했을지라도 그로 인해 자신을 낮추면 반드시 희망이 있다. 설령 하나님과 그분의 사람들을 사랑하지 못했을지라도 말이다. 알다시피 하나님은 우리에게 은혜로우신 분이다. 그래서 우리는 그분의 마음을 아프시게 한 일을 슬퍼하며 겸손히 낮아진다.

6. 참된 겸손과 거짓된 겸손의 여섯 번째 차이는 이것이다. **위선자들은 자기에게 임하는 심판만 슬퍼할 뿐 심판의 원인인 죄는 슬퍼하지 않는다.** 하지만 하나님의 자녀는 모든 심판의 원인인 죄로 인해 겸손해진다. 선한 요시야는 죄에 대해 경고된 저주를 신명기 낭독을 통해 들었다. 그러면서 자기 백성의 죄를 성경에 저주가 경고된 죄와 비교했다. 그 결과 그는 자신의 죄와 백성의 죄로 인해 스스로 낮아졌다. 우리 안에 죄악이 없다면 우리를 괴롭힐 재난도 없다. 하나님의 자녀들은 그것을 안다. 그래서 그들은 원인을 찾아내 그로 인해 겸손해진다. 반면에 악인들이 겸손해지는 것은 오직 고통과 환난에서 벗어나기 위해서다.

7. 참된 겸손과 거짓된 겸손의 마지막 차이는 이것이다. **참된 겸손은 철저하다.** 그래서 본문에도 "내가 이곳과 그 주민을 가리켜 말한 것을 네가 듣고……**하나님 앞[에서 겸손하여] 곧 내 앞에서 겸손하여**"KJV-옮긴이라고 같은 말이 두 번 반복되었다. 말만 반복된 게 아니라 "옷을 찢고 통곡"하는 행위로도 표출되었다. 그야말로 철저한 겸손이었다. 요시야는 작정하고 자신의 영혼을 낮추었다. 이렇듯 하나님의 자녀들은 철저히 자신을 낮추지만, 위선자들은 설령 자신을 낮춘다 해도 철저하지 못하다. 위선자들은 겸손을 가벼운 문제로 여긴다. 그래서 바로처럼 심판이 걷히는 순간 겸손을 팽개쳐 버린다. 물론 많은 사람들이 몇 번 한숨도 내쉬고 갈대처럼 잠시 고개도 숙이겠지만, 그것은 에브라임의 아침 이슬처럼 금세 사라져 버린다. 그들의 겸손은 확실하거나 철저하지 못하며 그저 겸손의 시늉일 뿐이다. 반면에 하나

님의 자녀들은 한 번 시작하면 그치지 않고 마음을 가꾸고 묵상한다. 그래서 결국 그들의 마음은 복된 성품인 겸손에 이른다. 다윗과 에스라와 느헤미야와 다니엘의 겸손에서 그것을 볼 수 있다.

하지만 하나님의 자녀들이 겸손해지는 데 왜 이렇게 수고가 따르는가?

우선은 제대로 겸손해져야 하기 때문이다. 그렇지 않으면 하나님이 받지 않으신다. 또한, 아무리 선한 사람 안에도 완고함과 교만이 가득하기 때문이다. 그래서 인간은 많은 고생을 거쳐야만 낮아질 수 있다. 그래서 우리는 겸손해지기 위해 수고해야 한다. 욥도 많은 고생 끝에야 겸손해질 수 있었다. 먼저 겸손해져야 비로소 "일천 천사 가운데 하나"가 위로하러 올 수 있다. 욥 33:23 일단 인간이 참으로 철저히 겸손해지면 금방 위로가 따라온다. 지금까지 살펴본 이런 기준으로 우리는 참된 겸손과 가짜 겸손을 식별할 수 있다.

질문 하지만 여기서 다른 질문이 나올 수 있다. 우리가 충분히 겸손한지 어떻게 알 수 있는가? 죄를 충분히 슬퍼하는지 어떻게 알 수 있는가?

대답 이 질문에 대한 내 대답은 이렇다.

1. 모든 사람에게 동일한 분량의 겸손이 요구되는 것은 아니다. 하나님이 택하여 큰일을 맡기시는 사람들이 있다. 그분은 그런 사람들을 다른 사람들보다 더 많이 낮추신다. 모세의 경

우가 그랬다. 바울도 이방인을 회심시키는 큰일에 임하기 전에 철저히 낮아져야 했고, 다윗도 오랜 세월에 걸쳐 낮추어진 후에야 왕이 되었다.

 2. **어떤 사람들은 남들보다 더 큰 죄인이었고 삶의 궤적이 더 공공연히 악했다.** 그들에게는 더 많은 분량의 겸손이 요구된다.

 3. **어떤 사람들은 어려서부터 더 곱게 자랐고** 자주 새로 회개했다. 이런 사람들은 남들만큼 많이 낮추어지지 않아도 된다. 겸손은 영혼의 악의 정도에 비례해야 하는데, 악의 정도가 사람마다 다르므로 겸손의 분량도 달라야 한다. 하지만 이 질문에 대한 더 직접적인 답은 다음과 같다. 이럴 때 우리는 충분히 겸손해졌다고 할 수 있다.

 먼저, **지금까지 하나님의 마음을 아프게 한 것을 진심으로 슬퍼한다.** 그동안 영혼을 가꾸어 온 결과로 우리는 속으로 죄를 온전히 미워하며, 이 슬픔이 진실이라는 표시로 악한 길을 완전히 떠난다. 당신은 악한 길을 미워하고 떠나는가? 그렇다면 당신은 충분히 낮아졌다. 당신의 죄가 사해졌으니 평안히 가서 위안을 누리라. 하지만 약간의 겸손으로는 안 된다. 모든 죄를 온전히 미워하고 떠날 만큼 우리 마음이 가꾸어져 있어야 한다. 그렇지 않으면 우리는 아직 충분히 겸손하지 못하다. 만일 죄를 미워하고 떠나되 어느 정도에서 그치고 있다면, 믿음으로 우리 영혼을 예수 그리스도 안에 있는 하나님의 자비에 최대한 붙들어 매야 한다. 영혼의 눈은 둘이다. 한쪽 눈으로는 자신과 자신의 죄를 보며 더욱 낮아져야 한다. 다른 눈은 그리스도 안에 있는 하나님의 자비에 고정시켜야 한다. 그러면 그분이 우리 영혼을 일으켜 세우신다. 영혼의 시선이 온통 자신의 악하고 비참한 상태에만 집중되어 있다면 제대로 된 겸손이 불가능하다. 하나님을 즐겁게 섬길 수도 없다. 그러므로 우리 영혼은 일으켜 세워져 하나님의 자비를 입어야 한다. 요컨대 우리는 죄를 온전히 미워하고 떠나도록 힘써야 한다. 우리의 주된 적이 다름 아닌 마귀이기 때문이다. 우리가 겸손히 자신을 벗어나 하나님께 가서 그분을 의지하면, 그만큼 마귀의 유혹 앞에 난공불락이 되어 마귀가 우리를 이길 수 없다. 마귀는 그것을 아주 잘 안다. 그러나 우리가 하나님 대신 피조물을 신뢰하면, 그만큼 마귀의 함정에 빠지기 쉽다. 그래서 모든 유혹의 목적은 우리를 자만심에 빠뜨려 하나님을 의지하지 않고 피조물을 신뢰하게 하는 것이다. 마귀의 일차적 계략은 언제나 우리 자신을 믿게 하는 것이다. 그러므로 우리는 힘써 자신을 벗어나 나의 허영심과 하나님의 충만함을 보아야 한다. 그렇게 자신을 벗어나 하나님과 그분의 자비를 의지하면 무사히 사탄의 유혹을 물리칠 수 있다.

적용 여기서 우리가 배워야 할 것이 있다. **겸손과 정반대되는 감정들을 조심해야 한다는 것이다.** 로마 가톨릭의 교리를 신봉하는 사람들이 어찌 교만하지 않을 수 있겠는가? 그들은 우선 우리 안에 원죄가 없으며 원죄는 세례받을 때 사라졌다고 주장한다. 또한, 이생에서 우리가 율법을 온전히 지킬 수 있다고 말한다. 이것은 주제넘은 태도다. 오히려 바울은 세례받은 후에 이렇게 부르짖었다. "오호라, 나는 곤고한 사람이로다. 이 사망의 몸에서 누가 나를 건져내랴."롬 7:24 그런데도 그들은 더 많은 행위로 여분의 공덕을 쌓아 그 공로로 천국에 갈 수 있다고 가르친다. 얼마나 인간의 마음을 부풀려 교만에 빠지게 하는 교리인가! 인간의 행위로 공로를 쌓을 수 있다고 생각하는 사람들은 지극히 교만해질 수밖에 없다. 그들은 이런 신성모독의 생각들로 세상을 병들게 했고, 무수히 많은 영혼을 지옥의 포로가 되게 했다. 그러므로 우리는 겸손의 잣대로 참된 신앙을 분별해야 한다. 우리 자신을 벗어나게 하는 신앙이야말로 참된 신앙이다. 그 신앙은 우리의 모든 것을 가져가고 하나님께 모든 영광을 돌린다. 그 신앙은 그리스도의 공로와 하나님의 자비에 힘입어 구원을 간구한다. 바로 우리의 신앙이 그렇게 가르친다. 그러므로 이것이 참된 신앙이며, 이 신앙이 마지막 날에 우리에게 확실한 복을 가져다줄 것이다.

내적 겸손에 대해서는 이 정도로 살펴보았다. 우리도 요시야처럼 이렇게 자신을 낮출 수 있다.

chapter **03.**

통곡의 덕

> 내가 이곳과 그 주민을 가리켜 말한 것을 네가 듣고 마음이 연약하여 하나님 앞 곧 내 앞에서 겸손하여 옷을 찢고 통곡하였으므로 나도 네 말을 들었노라. 여호와가 말하였느니라. 대하 34:27

선지자 에스겔이 말한 물은 성전에서 흘러나와 점점 깊어졌다. 처음에 발목까지 차던 물이 차차 무릎과 허리에까지 높아졌다가 마침내 흘러넘치는 강물이 되었다. 우리가 살펴보고 있는 이 본문도 마찬가지다. 처음의 연약한 마음에서 점점 깊이 들어가 속사람의 신비로운 겸손을 지나 우리는 마침내 요시야의 내적 겸손의 외적 표현에 이르렀다. 즉, 그는 옷을 찢었고 하염없이 눈물을 흘렸다. 이것은 하나님의 성전에 임박한 파멸이 두려워서이기도 했고, 그 두려움의 원인인 자신과 백성의 죄를 깨닫고 마음이 슬퍼서이기도 했다.

다시 본문으로 돌아가면 이런 말씀이 들려온다. "네가……옷을 찢고 통곡하였으므로." 여기서 우리는 요시야의 내적 겸손의 외적 표현을 볼 수 있다.

참된 겸손은 내적으로만 아니라 외적으로도 표출되기 마련이다. 요시야의 내적 감정의 외적 표현은 두 가지로 나와 있다.

1. 옷을 찢었다. 2. 통곡했다.

물론 그는 몸짓으로만 아니라, 말로도 슬픔을 표현했다. 본문에 기록되어 있지 않을 뿐이다. 한동안 충격과 슬픔과 비탄이 너무 커서 당장 말로 표현할 수 없었는지도 모른다. 또는 그 순간 철저히 낮아질 대로 낮아져 말이 조리 있게 나오지 않았을 수도 있다. 그래서 하나님은 그의 말보다 심정과 눈물을 더 중시하시고 거기에 주목하셨다. 그가 하나님 앞에서 옷을 찢고 통곡했기 때문이다. 성경에 기록된 가련한 세리도 많은 말을 할 수 없어 감히 얼굴을 들지 못하고 "하나님이여 불쌍히 여기소서. 나는 죄인이로소이다"눅 18:13라고만 아뢰었다. 복음서에 나오는 가련한 여인도 그리스도께 와서 울고 눈물로 그분의 발을 씻어 드리며 아무 말도 하지 못했다.눅 7:38 베드로도 닭이 세 번째 울고 그리스도께서 자신을 바라보시자 차마 할 말이 없어 밖으로 나가 심히 통곡했다.눅 22:61-62 마찬가지로 요시야도 슬픔이 너무 북받쳐 침착하게 또박또박 말할 수 없었을 것이다. 괴로운 영혼에서는 어눌한 말밖에 나올 수 없고, 상한 마음은 말도 더듬거릴 수밖에 없다. 그래도 하나님이 "나도 네 말을 들었노라"라고 하신 것으로 보아 요시야가 뭔가 말을 했던 것만은 분명하다. 하지만 지금은 그것을 접어 두고 본문에 나와 있는 외적 표현으로 넘어가 보자. 옷을 찢고 통곡한 그의 모습에서 우리가 배워야 할 것이 있다.

성경에서 보듯이 옷을 찢는 행위는 고대에 흔히 있었던 일이다. 그것은 슬픈 마음의 가시적 표현이었다. 욥도 옷을 찢었고^{욥 1:20} 그의 친구들도 옷을 찢었다.^{욥 2:12} 바울과 바나바도 옷을 찢었다.^{행 14:14} 대제사장도 그리스도께 죄를 씌우며 옷을 찢었다.^{막 14:63} 히스기야도 랍사게의 말을 듣고 옷을 찢었다.^{사 37:1} 보다시피 이 것은 흔한 행위였고 이교도들 사이에도 자주 있었다. 그들도 비참한 사고를 당하면 옷을 찢곤 했다. 예컨대 어떤 이교도 왕은 적들이 침략하여 도성을 에워싸자 옷을 찢었다.[9] 이렇듯 옷을 찢는 일은 하나님의 교회와 이교도들 모두의 관습이었다. 하지만 이 행위의 근거나 이유는 무엇인가? 사람들이 옷을 찢은 이유는 슬픔에 겨워 자신이 아무것도 입을 자격이 없다고 생각했기 때문이다. 그들은 이생의 모든 육체적 안락을 무시했다. 거룩한 요시야도 자신의 신분과 왕위와 왕관과 왕의 체통을 무시했다. 그는 한편으로 자기를 다스리는 위대하신 하나님을 제대로 보았고, 한편으로 자기가 다스리는 백성의 비참한 상태를 보았다. 그 결과가 옷을 찢는 행위로 나타났다. 자신이 그런 장식물을 주렁 주렁 달고 있을 자격이 없음을 그렇게 표현한 것이다. 알다시피 옷에는 여러 가지 기능이 있다.

첫째로, 옷은 알몸을 가리고 악천후의 피해를 막는 데 꼭 **필요하다.**

둘째로, 옷은 **성별과 신분을 구별해 준다.** 옷차림을 보면 높은 사람인지 낮은 사람인지, 남자인지 여자인지 알 수 있다.

끝으로, 옷은 우리의 악한 육신을 꾸미는 **장식물의 역할을 한다**. 육신은 워낙 천한지라 역시 천한 육체적 장식물이 필요하다. 요시야는 바로 이런 장식물의 역할을 하는 옷을 찢었다. 자신이 아무런 옷도 걸칠 자격이 없다고 생각한 것이다. 비탄에 잠긴 그는 이런 생각에서 옷을 찢었다. "내가 왜 옷에 의지하여 외형적인 것들로 나를 가려야 하는가? 하나님이 노하셨다. 그분의 노기가 가라앉을 때까지 나는 일체의 세상 것에서 어떤 낙도 누리지 않겠다." 이렇듯 그는 하나님의 진노가 두려워 옷을 찢었다. 물론 이것은 외적인 표현일 뿐이며, 따라서 반드시 진실한 내면에서 비롯되어야 한다. 당시에는 옷을 찢는 일이 전국적인 풍습이었다. 하지만 지금은 그런 풍습이 없으므로 우리는 비통할 때 마음을 찢어야 한다. 옷을 찢는 행위도 사실은 먼저 마음을 찢었다는 표현이다. 그렇지 않으면 하나님이 받지 않으신다. 마음을 찢지 않고 옷만 찢는 것은 위선이다. 그래서 요엘은 "너희는 옷을 찢지 말고 마음을 찢고"라고 말했다.욜 2:13 내면의 비통한 감정에서 나오지 않는 한 슬픔의 외적 표현은 아무런 의미가 없다. 그러나 그 둘이 함께 있으면 아름답다. 아름다움이란 한쪽 팔이 다른 팔보다 길지 않고 모든 신체 부위가 적절한 비율을 이루는 것이 아니고 무엇인가? 반대로 외적 표현만 있고 비통한 마음이 없다면 그것은 꼴사나운 위선이다. 마음에도 없이 갈대처럼 고개만 숙이는 것은 겸손의 시늉일 뿐이다. 그러나 마음에 적절한 슬픔이 있다면 외적 표현은 선한 것이다. 내적 겸손에서 비롯되었기 때문이다.

질문 왜 그 둘이 함께 있어야 하는가?
대답 몸과 영혼이 함께 죄의 행위에 가담하기 때문이다. 그래서 죄로 인한 겸손에도 반드시 둘이 함께 있어야 한다. 영혼이 가담하지 않는 몸의 죄란 없고, 몸이 가담하지 않는 영혼의 죄도 없다. 따라서 몸과 영혼이 함께 겸손해야 한다. 그러므로 우리는 슬픔의 외적 표현과 표출이 정말 슬픈 마음에서 비롯되도록 힘써야 한다. 사람의 신앙적 행위는 두 가지로 이루어진다.

1. 외적 행위나 표현이 있다.
2. 내적 행위가 있다. 이것이 있어야 외적 행위가 살아난다.

겉모습은 지어내기도 쉽고 위선에 빠지기도 쉽다. 옷을 찢고 눈물을 짜내기는 쉽지만, 영혼으로 아파하기란 어려운 법이다. 인간의 마음은 가장 힘든 길을 버리고 가장 쉬운 길만 찾는다. 그러면서 하나님이 기뻐하실 줄로 안다. 하지만 그렇게 해서는 하나님을 섬길 수 없다. 그분은 내면의 사랑을 원하시며, 그렇지 않은 외적인 행동들은 미워하신다. 그러므로 우리는 몸짓만 아니라 마음을 낮추는 데 힘써야 한다. 하나님의 임재 안에 들어갈 때 옷이 아니라 마음을 찢어야 한다. 겸손을 표현하기 위해 힘쓰는 것 못지않게 겸손을 품기 위해 힘써야 한다. 그래야 위선자들처럼 되지 않는다. 위선자들은 행위로는 대단한 신앙을 보이지만 마음속에는 전혀 신앙이 없다. 겉으로만 요란하게 겸손할 뿐 속에는 전혀 겸손이 없다.

교황주의자들은 신앙 전반에서 악하며 오류에 빠져 있다. 특히 칭의稱義의 부분과 하나님을 예배하는 다른 부분들에서 그렇다. 진실한 마음에서 비롯되지 않은 외적 준법으로 하나님을 기쁘시게 한다는 생각이 미신적 오류가 아니고 무엇인가? 그들의 신앙은 모두 외식이며 그저 외적인 행위들로만 이루어져 있다. 그러나 성경이 가르치듯이 참된 신앙은 마음에서 비롯된다. 자아의 실상을 제대로 깨달아야 하고, 자신이 맞이해야 할 하나님이 영광과 위엄으로 충만하시고도 크신 하나님임을 생각해야 한다. 하나님이 맹목적인 제사를 좋아하시던가? 아니다. 신앙이란 마음에서 나와서 표정과 몸가짐으로 퍼져 나가야 한다. 그러면 그것은 진실한 신앙이다. 내면의 마음가짐이 표출된 것이기 때문이다.

적용 이 시대 사람들은 여기서 자신의 태만에 대해 책망을 들어야 한다. 그들의 내적 겸손은 어디 있는가? 하다못해 외적 겸손은 어디 있는가? 로마 가톨릭에도 겸손의 시늉은 있다. 그들은 자신의 몸을 채찍으로 때린다. 그들의 위선적 신앙에는 그런 외적 몸짓들과 어리석은 행위들이 그 밖에도 더 있다. 이렇게 그들은 어느 정도 자신을 낮춘다. 하지만 자신의 비참한 상태가 두려워 겸손해지는 사람들은 우리 중에 얼마나 적은가! 자신의 실상을 제대로 본다면 그럴 만한 이유가 얼마든지 많은데도 말이다. 나아가 교회 전반의 비참한 상태로 인해 겸손해지는 사람들은 또 얼마나 적은가! 통곡하는 한 영혼을 어디서 찾을 수 있는가?

앞서 말했듯이 우리에게 옷을 찢는 풍습은 없다. 하지만 우리는 옷차림 때문에 교만해지지 않도록 조심해야 한다. 인간들이 악하고 어리석은 유행을 중시하는 것은 악하고 어리석은 일이다. 하나님의 크신 은총과 경고와 심판보다 옷차림에 더 마음을 빼앗기는 것도 마찬가지다. 많은 사람들이 마음을 찢기는커녕 화려한 옷을 과시하려고 하나님의 집에 간다. 그들의 목적은 남의 눈에 띄는 것이다. 가장 겸손해져야 할 그곳에서 그들은 교만을 드러낸다. 하나님 앞에서까지 말이다. 정작 그곳은 위대하신 천지의 하나님의 음성을 듣고, "소멸하는 불"이신 그분의 임재 안에 서기 위해 오는 곳이다. 그분 앞에서 천사들도 얼굴을 가리고 온 땅이 두려워 떤다. 그런데 그들은 감히 그분께 맞서며 교만으로 그분을 노하시게 한다. 요시야는 왕인데도 자신의 화려한 차림새를 다 무시한 채 옷을 찢었고, 자신을 백성의 왕으로 생각하기보다 하나님의 신하로 생각했다. 하나님이 그를 백성 위에 왕으로 세우셨는데도 말이다. 그러므로 앞서 말했듯이 지금의 교회에는 옷을 찢는 풍습이 없을지라도 우리는 반드시 마음을 찢어야 한다. 그리하여 우리도 선한 왕 요시야처럼 하나님과 화목해야 한다. 그 뒤에 나오는 말씀은 이것이다.

"네가……통곡하였으므로."

요시야의 내적 겸손의 두 번째 외적 표현이 이 말씀 속에 나와 있다. 그는 통곡했다. 통곡이 옷을 찢는 행위보다 더 내면과 닿아 있다. 몸과 직결되기 때문이다. 요컨대 여기서 다음과 같은 원리들을 볼 수 있다.

원리 1. 겸손의 행위에 몸과 영혼이 함께 있어야 한다. 몸과 영혼은 함께 죄를 짓듯이 또한 함께 낮아져야 한다. 몸과 영혼은 둘 다 하나님이 지으셨고 그리스도께서 구속救贖하셨다. 그래서 그 둘은 죄를 지을 때나 선을 행할 때나 함께 있다. 지금부터 몸과 영혼이 서로 교류하는 방식을 세 가지로 살펴보고자 한다. 그러면 몸과 영혼이 함께 겸손해져야 한다는 말이 얼마나 당연하고 논리적인지 알게 될 것이다.

1. 몸과 영혼은 **지각이나 전달을 통해** 서로 교류한다. 감각적 자극은 오감의 지각을 거쳐 영혼 속에 들어온다. 몸의 감각을 거치지 않고는 아무것도 영혼 속에 들어올 수 없다. 물론 영혼은 황금의 산처럼 전혀 본 적이 없는 것들도 상상할 수 있지만, 그래도 영혼의 작용은 몸에 의존한다. 몸이 모든 외부 물체의 자극을 영혼에 전달하기 때문이다. 몸이 몸을 주관하고 인도하는 일을 영혼에 의존하듯이 영혼도 많은 일을 몸에 의존한다. 성찬이 좋은 예다. 하나님은 성찬에 동원되는 오감을 통해 영혼을 도우신다. 다시 말해서 그리스도는 말씀의 설교를 통해서보다 성찬을 통해 오감 속에 더 생생히 들어오신다. 설교의 경우는 그분이 청각을 통해 들어오시지만, 성찬의 경우는 시각과 미각과 후각

과 촉각을 통해 그분을 만난다. 이렇듯 몸과 영혼은 정보의 전달을 통해 서로 교류한다.

2. 몸과 영혼은 **유혹당할 때** 서로 교류한다. 영혼은 즐겁고 유쾌한 외적인 것들을 많이 필요로 하며, 따라서 몸에 공감을 느낀다. 그러다 보니 영혼이 몸에 끌려다닐 수 있다. 외부의 자극은 세속적인 사람들의 오감을 즐겁게 한다. 이것이 감각을 거쳐 영혼 안에 들어가면 영혼이 거기에 지배당할 수 있다. 그래서 외부의 자극은 위험한 유혹이 된다.

3. 몸과 영혼은 **복종이나 실행을 통해** 서로 교류한다. 이것은 악을 행할 때나 선을 행할 때나 마찬가지다. 하나님은 몸과 모든 지체를 영혼의 도구와 무기로 지으셨다. 몸은 영혼이 거하는 집이요 영혼의 일터다. 그런데 영혼은 몸과 모든 지체를 도구나 무기로 사용하여 하나님을 영화롭게 할 수도 있고 욕되게 할 수도 있다. 악인들은 눈, 혀, 손, 발 등 자기 몸의 모든 지체로 하나님을 대적하여 싸운다. 이렇듯 영혼만 아니라 몸도 죄짓는 데 가담하며, 따라서 겸손해질 때도 몸과 영혼이 함께 있어야 한다.

주의 여기서 우리는 로마 가톨릭에서 벌어지고 있는 마귀의 뻔한 책략을 주의해야 한다. 교황주의자들은 죄가 몸에만 있다고 생각하여 몸을 괴롭히고 낮춘다. 그러면서 정작 자신들의 영혼을 교만하게 부풀린다. 고행으로 공로를 쌓으며 자만에 빠지는 것이다. 이렇게 영혼을 빼놓고 몸만 괴롭히는 것은 거짓된 겸손이요 참된 교만이다. 그들의 겸손이 거짓인 이유는 몸만 낮추기 때문이고, 교만이 참인 이유는 몸을 괴롭히고 낮춤으로써 공로를 쌓는다고 생각하기 때문이다. 하지만 우리는 이 중대한 과오를 주의해야 하며, 반드시 몸과 영혼이 협력하게 해야 한다.

원리 2. 여기서 두 번째로 주목해야 할 것은 이것이다. **하나님이 사람을 괴롭게 하시거나 낮추시면 나라조차도 그를 구할 수 없다.** 요시야는 왕이요 절대군주였지만 하나님의 경고 앞에서는 그의 왕국도 그에게 아무런 도움이 되지 못했다. 하나님이 사람을 끌어내리시면 어떤 나라도 그를 지켜 줄 수 없다. 그가 하나님의 자녀이든 원수이든 다를 바 없다. 벨사살은 하나님이 벽 위에 글자를 보이시자 어디서도 위로를 얻을 수 없었다.단 5:5-6 하나님이 사랑하시는 자녀들도 마찬가지다. 그분이 조금이라도 노여운 기색을 보이시면 그들은 낮아지게 되어 있다. 아무리 요시야처럼 왕이라 해도 소용없다. 하나님이 부르짖으시면 아무리 지체가 높은 사람도 피할 수 없다. 지금 떨지 않으면 나중에라도 그분이 반드시 떨게 하신다.

원리 3. 왕이었던 요시야의 모범에서 우리가 세 번째로 배워야 할 것은 이것이다. **내면의 슬픔에서 비롯된 것이라면 죄로 인한 눈물과 통곡은 누구에게나 잘 어울리는 모습이다.** 이는 왕에게도 어울리는 자세이며, 성별과 신분을 초월하여 누구에게도 부적합하지 않다. 결코 여자 같거나 천한 모습이 아니다. 누구든지 하나님을 대할 때는 자신의 지위를 잊고 최선의 방법으로 그분을 만나야 한다. 성경에서 그런 예를 많이 볼 수 있다. 다윗은 용사였지만 하나님을 대할 때는 눈물로 침상을 적셨다.^{시 6:6} 히스기야도 높은 왕이었지만 자신을 낮추었다.^{사 38:1 이하} 심지어 복되신 우리 구주께서도 하나님을 대하실 때 "심한 통곡과 눈물로" 대하셨다.^{히 5:7}

적용 겸손히 낮아지는 거룩한 일은 그래서 정당성을 얻는다. 하나님을 대할 때 우리는 아무리 낮아져도 부족하다. 거룩한 다윗은 "내가 이보다 더 낮아져 스스로 천하게 보일지라도"라고 말했다.^{삼하 6:22} 그러므로 우리도 하나님을 대할 때 이보다 더 낮아지겠다고 고백하며 주님 앞에 엎드려야 한다. 우리의 신앙 표현은 어차피 부족하기 마련이다. 그러니 당연히 위선이 없어야 한다. 여기서 외적 행동에 대해 한 번 더 경고하고 싶다. 대부분의 사람이 신앙과 겸손을 잘못 알고 있기 때문이다. 그들은 신앙을 외적 행동으로만 생각한다. 조금 듣거나 읽거나 상담을 받거나 조금 기도하면 그것으로 되는 줄 안다. 하지만 사실 이런 외적 행위는 몸의 신앙일 뿐이며, 영혼이 없으면 죽은 행실에 지나지 않는다. 여기서 영혼이란 하나님을 바라보는 내면의 경건한 애정을 말한다. 우리의 외적 표현은 하나님의 선하심과 자비와 정의를 바로 아는 데서 비롯되어야 한다. 천사들도 그분 앞에서 얼굴을 가린다. 외적 신앙만으로 부족하다. 그런 뻔한 자만심과 계산적인 마음으로 교회에 가서는 안 된다. 가서 무릎 꿇고 기도하며 온갖 외적 자세를 취할 수야 있겠지만, 그런 생각을 품고는 영혼이 하나님을 제대로 예배할 수 없다. 교회에 갈 때 우리는 하나님이 계시고 진리가 있고 그분의 천사들이 있는 곳에 가는 것이다. 거기서 듣는 말씀이 마지막 날 우리를 심판할 것이다. 그러므로 모든 거룩한 행동은 먼저 내면에서 싹터 바깥으로 흘러나와야 한다. 하나님의 선하심과 정의와 위엄과 자비를 묵상하여 우리 내면을 가꾸자. 그러면 그것이 자연스럽게 몸으로 표출될 것이다. 그래야 비로소 인간은 죄를 끊을 수 있다. 그렇지 않고는 외관상 예배를 드려도 미신의 정신 때문에 오히려 하나님과 멀어진다. 형식적인 겉모습밖에 없으면서 하나님이 받으실 줄로 생각한다면 그것은 착각이다.

이렇듯 죄로 인한 눈물과 통곡은 왕에게도 부적합하지 않은 자세다. 그러므로 하나님을 상대해야 할 우리가 겸손히 낮아지지 않는 것은 완전히 미친 짓이다. 세상의 가망 없는 무신론자들은 죽는 날까지 경고에 떨지도 않고 자신을 낮추지도 않는다. 하지만 죽음이 그들을 낮추고 떨게 할 것이다. 반면에 어떤 영혼은 하나님의 진노를 느끼고 경고에 떨며 늦지 않게 낮아진다. 단언컨대 그런 영혼은 사후의 심판이 다가와 하나님 앞에 설 때 당당히 죽음을 응시할 수 있다. 하지만 가망 없는 무신론자들은 지금은 노골적으로 하나님을 비웃고 모독하며 말끝마다 저주할 수 있지만, 하나님이 노하시는 순간 두려워 벌벌 떨 것이다. 그러므로 하나님을 대할 때는 두려워 겸손히 낮아지는 것이 지혜이자 모든 용기의 근원이다. 요시야도 왕이지만 그렇게 했다.

"네가……내 앞에서……통곡하였으므로."

그의 연약한 마음이 녹아 눈물이 되었다. 이 구절의 앞부분에는 연약한 마음이 나오고 여기서는 **그 연약한 마음이 녹는다**. 전자가 구름이라면 후자는 비다. 여기서 잠시 눈물의 근원에 대해 살펴보자. 알다시피 눈물은 인체 내부에서 생겨 눈으로 흘러나온다. 먼저 어떤 지각이 마음에 슬픔의 원인을 제공한다. 그러면 마음은 슬픔의 내용을 뇌로 올려 보내고, 냉철한 성격의 뇌는 그것을 눈물로 증류해 낸다. 그래서 슬픔이 격하게 사무치면 웬만한 사람은 눈물이 나오게 되어 있다. 다시 본문으로 돌아가서, 요시야의 눈물을 유발한 외적 원인은 나라에 닥친 위험이었다. 그는 "이곳과 그 주민을 가리켜 말한" 하나님으로부터 심판의 경고를 들었다. 이것을 목민관들에게 적용하면 이런 교훈이 나온다.

원리 4. 백성에게 닥친 모든 위험을 마음에 품는 일은 누구보다도 목민관들과 관계된 일이다. 왕들은 나라의 모든 사람보다 높은 만큼 선과 은혜에서도 모든 사람보다 나아야 한다. 왕들은 모든 심판을 누구보다도 더 마음에 품어야 한다. 이미 닥친 심판이든 경고된 심판이든 마찬가지다. 선한 요시야는 국왕인 자신의 안위보다 나라를 더 생각했다. 나라에 경고된 심판을 생각하니 그 비통이 눈물로 흘렀다. 왕에게 그런 마음이 있어야 왕과 백성이 하나가 될 수 있다. 왕은 백성의 머리요 목자다. 목자는 양 떼를 돌보는 사람이고, 머리는 몸의 모든 아픔을 금세 지각한다. 모든 감각은 그러라고 있는 것이다. 모든 높은 자리에 있는 사람들도 마찬가지다. 그들은 신민의 안위를 자신의 안위처럼 중시하며 혼신을 다해 신민을 돌보아야 한다. 머리가 몸을 돌보며 미리 대비하듯이 권위의 자리에 있는 사람들도 국가라는 몸이 잘 되도록 미리 대비해야 한다. 거룩한 다윗에게서 훌륭한 예를 볼 수 있다. 백성에게 심판이 닥치자 그는 "이 양 무리는 무엇을 행하였나이까. 청하건대 주의 손으로 나와 내 아버지의 집을 치소서"삼하 24:17라고 기도했다. 이렇게 아랫사람들에게 따뜻한 애정을 쏟는 목민관들은 결코 아무것도 잃지 않는다. 백성 쪽에서도 그들에게 따뜻한 애정을 품게 되어 있다. 예컨대 압살롬을 치러 출정할 당시에 백성은 다윗의 동행을 말리며 "왕은 우리 만 명보다 중하시오니"삼하 18:3라고 말했다. 다윗에게 무슨 해가 닥치느니 차라리 자기들 만 명이 전사하는 게 낫다는 뜻이다. 이렇듯 다윗이 백성에게 사랑과 애정을 쏟아서 잃은 것은 하나도 없다. 그들도 다윗이 곤경에 처했을 때 똑같은 사랑을 베풀었다. 마찬가지로 요시야가 죽었을 때 백성은 크게 통곡했다(융성하던 왕국의 모든 영광도 요시야와 함께 종말을 고했기 때문이다). 해당 기사에서 그것을 볼 수 있다.대하 35:24-25, 슥 12:11 비교 요시야로 인한 백성의 애통과 통곡이 므깃도 골짜기 하다드림몬에서 하늘을 찔렀다.

이렇듯 목민관과 백성 사이에 사랑이 그냥 허비되는 일은 없다. 목민관이 백성에게 따뜻한 애정을 품으면 백성도 그가 곤경에 처할 때 울고 슬퍼한다. 하지만 이제부터는 좀 더 일반적인 교훈으로 넘어가고자 한다. 요시야를 왕으로 보지 않고 거룩한 한 개인으로 생각하면, 그는 신분과 무관하게 우리 모든 사람의 모범이 된다. 여기서 우리가 배우는 교훈은 이것이다.

원리 5. 자기가 사는 곳과 백성을 향한 하나님의 경고를 마음에 품는 일은 모든 그리스도인의 도리다. 우리는 교회와 국가의 환난과 비참한 상태를 마음에 품어야 한다. 자신의 문제만 아니라 다른 사람들의 문제로도 아파해야 한다. 요시야의 눈물과 통곡은 교회의 상태로 인한 것이었다. 그곳과 그 주민을 향한 심판의 경고를 들었기 때문이다. 그래서 긍휼의 눈물은 우리 자신을 인한 것이자 또한 다른 사람들을 인한 것이다. 요시야에게도 두 가지가 다 있었다. 분명히 그는 자신과 자신의 죄로 인해서도 통곡했다. 하지만 백성으로 인해서 특별히 더 긍휼의 눈물을 흘렸다. 그래서 요시야처럼 교회의 상태로 인해 마음을 낮추는 그리스도인은 요시야가 받은 상을 받는다.

선한 느헤미야는 조국의 비운을 마음에 품었다. 자신이 고위직에 등용된 데 대한 기쁨보다 동족인 유대인들로 인한 슬픔과 아픔이 더 컸다. 마음이 진실한 사람치고 하나님의 교회가 환난 중에 있는데 무슨 기쁨이 있겠는가? 우리는 다 한집에 속해 있다. 집의 한 부분에 불이 나면 다른 부분도 함께 집을 걱정해야 한다. 요시야는 여러 가지 현실에 마음이 아파 통곡했다. 우리도 통곡해야 할 이유가 많이 있다. 이 땅에서 저질러지는 죄들을 보면 우리도 슬퍼할 수밖에 없고, 그 슬픔을 어떤 식으로든 표현할 수밖에 없다.

우리 안에 그리스도를 사랑하는 마음이 있다면 우리도 통곡할 것이다. 사람들이 하나님을 모독하고 그분의 이름을 욕되게 하고 우상숭배에 열을 올리고 있는데, 아무리 돌 같은 마음도 어찌 그것을 보고 들으면서 상심하지 않을 수 있겠는가? 은혜로운 마음은 악인들에게 임하는 하나님의 심판으로 인해서도 울고 통곡한다. 그들을 하나님의 피조물이자 동료 인간으로 보기 때문이다. 그래서 그리스도는 자기를 대적하는 예루살렘의 악한 유대인들로 인해 우셨다. "예루살렘아 예루살렘아!"마 23:37, 눅 19:41 선한 예레미야도 백성에게 지독한 학대와 구박을 받으면서도 "어찌하면 내 머리는 물이 되고 내 눈은 눈물 근원이 될꼬……내 백성을 위하여 주야로 울리로다"렘 9:1라고 말했다. 예레미야가 하나님의 진리를 가르친다는 이유만으로 사람들은 그를 모욕하고 박해하며 싸움꾼으로 몰아세웠다. 그런데도 그는 주야로 그들을 위하여 울고 싶을 만큼 마음에 따뜻한 애정이 넘쳤다. 하지만 계속 울려면 눈물샘이 마르지 않고 계속 눈물이 나와야 한다. 그런데 예레미야는 자신이 그렇지 못함을 알았다(모든 인간의 마음은 그렇게 메말라 있어 금방 눈물이 마른다). 그래서 그는 자신이 충분히 울지 못할까 두려워 간절히 눈물을 소원했다. 진실한 소원이 이루어질 수 있다면 그는 눈물이 끊임없이 공급되기를 바랐다. 자기 백성에게 닥친 재앙으로 인해 울고 싶었다. "어찌하면 내 머리는 물이 되고 내 눈은 눈물 근원이 될꼬. 죽임을 당한 딸 내 백성을 위하여 주야로 울리로다!"

질문 하지만 예레미야는 왜 그들의 눈물샘이 터져 그들 스스로 울게 해달라고 기도하지 않았을까?

대답 그들의 완고한 마음을 잘 알았던지라 그들 스스로 울게 해달라는 간구가 헛수고로 보였기 때문이다. 그들의 마음은 맷돌 아래짝보다 더 딱딱했다. 예레미야는 그들이 원한 적이 없어도 그들을 위해 울었다. 이렇듯 과거의 경건한 사람들은 애정이 지극했다. 우리의 본분도 악인들을 위해서까지 울고 통곡하는 것이다. 오늘날에도 외국을 내다보면 우리가 울고 통곡할 일들이 얼마든지 많이 있다. 이미 임했거나 장차 임할 심판을 본다면 국내에도 울 이유가 있다. 우리를 향해 심판의 명령이 떨어지기 전에 울어야 한다. 늦기 전에 미리 하나님을 만나야 한다. 심판이 닥치고 나면 겸손해져도 소용없다. 하지만 심판이 오기 전에 울 수 있다면 그것은 믿음의 표시다. 악인들은 심판이 감각으로 느껴져야 울지만, 지금 믿음으로 그리할 수 있다면 우리는 복된 사람들이다. 우리가 심판이 오기 전부터 심판을 믿고 하나님을 구한다면, 하나님은 그런 사람을 얼마나 사랑하시는지 모른다! 그래서 우리 모두는 울 줄 알아야 한다. 사실 그리스도인의 영혼은 울지 않을 수 없다. 거기에는 여러 가지 이유가 있다.

1. **머리되신 그리스도와 지체인 우리의 교감 때문이다.** 그리스도인에게는 그리스도의 영이 있다. 그분은 교회의 비참한 상태를 마음에 품으신다. 그리스도의 영을 지닌 사람이 하늘의 그리스도처럼 슬퍼하지 않을 수 있는가? 결코, 그럴 수 없다.

2. **몸의 지체들 사이의 교류 때문에** 그럴 수밖에 없다. 우리는 다 신비로운 한 몸의 일부분이며 그리스도는 그 몸의 머리이시다. 다른 지체들의 비참한 상태를 마음에 품지 않는다면 어찌 몸의 지체라 할 수 있겠는가? 고통을 느끼지 못한다면 생명도 없다.

3. 참된 은혜가 있는 곳에는 **교회를 대적하는 자들의 오만한 자세와 신성모독의 말들 때문에** 교회를 위한 눈물과 통곡이 있다. 그 적들의 하나님은 이제 어디 있는가? 그들의 신앙은 어디 있는가? 그들의 개혁은 어떻게 되었는가? 하나님 아버지에 대한 비난과 욕을 듣고도 가슴이 아프지 않을 자녀가 누가 있겠는가?

4. 은혜로운 사람은 **통곡하지 않는 위험 때문에** 운다. 통곡하지 않는 것도 일종의 죄가 된다. 교회의 죄와 비참한 상태를 마땅히 우리 것으로 삼아야 하기 때문이다. 그래서 바울은 고린도 교회의 애통하지 않는 사람들을 꾸짖었다.^{고전 5:2} 그러므로 우리는 몸의 지체답게 수치와 슬픔에도 동참해야 한다. 하나님은 시대의 죄 때문에 통곡하는 모든 사람을 따로 구별하여 주목하겠다고 약속하셨다. 반대로 통곡하지 않는 사람들은 위험한 상태에 있다.^{겔 9:4}

5. 우리는 **개혁에 통곡을** 더해야 한다. 그렇지 않으면 전체 교회와 나라가 위험에 빠진다. 아간을 찾아내 벌하지 않으면 모두가 위험한 상태에 빠져 하나님의 진노를 자초하게 된다.^{수7장-옮긴이}

이런 이유들 때문에 우리는 시대의 죄와 비참한 상태를 마음에 품어야 한다. 모든 그리스도인 안에는 하나님의 영이 계시므로, 자신의 죄는 물론 다른 사람들의 죄와 비참한 상태를 인해 울고 통곡할 수밖에 없다.

적용 1 그렇다면 교회의 비참한 상태를 마음에 품지도 않고 그로 인해 통곡하지도 않는 사람들은 어떻게 되겠는가? 가난한 자들과 고통당하는 자들을 재판할 때 공의를 버리고 가혹하게 대하는 사람들, 고통당하는 자들에게 고통을 더하고 불행한 자들에게 불행을 더하는 사람들은 어떻게 되겠는가? 하나님을 돕기는커녕 오히려 하나님의 적들을 돕는 사람들에게 우리는 뭐라고 말할 것인가? 그들은 교회가 잘되고 있다는 말을 들으면 가슴 아파하고, 교회가 잘못되고 있다는 말을 들으면 오히려 고소해한다. 이렇게 거짓된 마음으로 다른 사람들의 죄를 기뻐하는 사람들이 많이 있다. 다른 사람들의 죄로 자신의 악한 행실을 감추려는 속셈이다. 이런 사람들은 통곡과 거리가 멀다. 우리 영혼은 그들의 모의에 관여해서는 안 된다.

적용 2 이렇듯 거룩한 사람들은 국가와 교회 전반에 대한 하나님의 심판을 마음에 품고 그로 인해 울어야 한다. 이미 임한 심판이든 장차 임할 심판이든 마찬가지다. 그렇다면 거기서 이런 질문이 나온다.

질문 어떻게 하면 우리는 다른 사람들을 위해 울고 통곡할 수 있는가? 여기에 대한 내 대답은 다음과 같다.

대답 1. **장애물을 제거하라.** 우선 연약한 마음과 반대되는 돌 같이 완고한 마음을 제거해야 한다. 요시야는 마음이 여렸고 그래서 그것이 금방 녹아 눈물이 되었다. 우리 인간의 마음은 놋쇠나 돌보다 단단하다. 놋쇠나 돌이라면 공장[工]이 녹이거나 깎아 낼 수 있지만, 인간의 완고한 마음은 무엇으로도 녹일 수 없다. 세상의 모든 심판도 인간의 마음을 꺾지 못한다. 온 이스라엘 백성은 이집트에서 하나님의 심판을 보았고 광야에서 그분의 모든 자비와 복을 보았다. 그런데도 그들은 달라지지 않았다. 그만큼 마음이 완고했기 때문이다. 그러므로 우리는 순수한 눈물샘, 즉 부드럽고 연약한 마음을 얻어야 한다. 하나님께 그것을 구해야 한다. 우리에게 연약한 마음을 주겠다고 그분이 약속하셨다. 그러면 그 마음이 외적으로 표현되는 것은 쉬운 일이다.

2. **세상 것들을 사랑하지 않도록 조심하고 참으로 하나님을 사랑하는 마음을 품어야 한다.** 사랑은 불과 비슷한 데가 있다. 불의 속성이 많이 있지만, 특히 불은 금을 녹여 나긋나긋하게 만든다. 열[熱]은 자연의 도구이자 영혼의 기관이다. 영혼은 열로써 모든 일을 할 수 있다. 영적 열은 마음을 녹여 눈물이 되

게 한다. 하나님과 그리스도인 형제들을 향한 사랑으로 영혼이 훈훈하게 덥혀지면 마음이 나긋나긋해진다. 그러므로 우리는 사랑의 마음을 품어야 하고, 하나님과 그리스도인 형제들을 향한 사랑으로 충만해져야 한다. 그러면 영혼을 고갈시키는 이기심을 죽일 수 있다. 이기적인 영혼은 녹아질 수 없다. 그래서 우리는 영적 사랑을 품고자 힘써야 한다. 세상적 이기심을 극복하고 초월해야 한다. 하늘의 눈물은 바로 그 복된 열에서 나와야 하고, 상한 마음의 증류수는 바로 그 사랑의 정신에서 맺혀야 한다. 그렇게 해서 우리 안에 하늘의 모든 감정이 생긴다. 그래서 그리스도는 모든 계명을 사랑으로 압축하셨다. 과연 사랑이 전부다.

3. 영혼이 잘 슬퍼하려면 **다른 사람들의 비참한 상태를 최대한 많이 보아야 한다.** 기꺼이 우리 눈으로 보아야 한다. 울 수 있는 최선의 방법은 애통의 집에 들어가 다른 사람들의 고통을 보는 것이다. 고통의 현장을 보아야 영혼이 울 수 있다. 눈으로 볼 수 없을 때는 기꺼이 듣기라도 해야 한다. 느헤미야는 교회 전반에 대해 기꺼이 들은 정도가 아니라 자청해서 물었다. 교회의 사정이 좋지 않다는 말을 듣고 그는 울었다. 사람마다 무슨 뉴스가 없느냐고 묻곤 한다. 하지만 바다 건너의 뉴스를 듣고 하나님께 탄식의 기도를 올리며 그분의 교회를 인해 가슴 아파하는 사람은 어디 있는가? 감각의 활용은 영혼의 슬픔을 돕는 좋은 방법이다.

4. **하나님의 교회 상태에 대해 읽어야 한다.** 창세 이래로 교

회의 상태는 어떠했는가? 과거에 하나님의 자녀들은 전쟁 등으로 인해 어떤 고생을 치렀는가? 이를 통해 우리 마음에 슬픔이 생길 수 있다. 우리가 이 세상에 사는 한 슬퍼할 일은 언제나 있기 마련이다. 주변을 둘러보면 반드시 통곡할 일이 있다. 복을 받고자 한다면 마땅히 우리는 힘써 애통해야 한다. "애통하는 자는 복이 있나니 그들이 위로를 받을 것"이기 때문이다.^{마 5:4}

5. 그렇게 울고 통곡할 수 있으려면 **스스로 자기 마음에 여린 감성을 가꾸어야 한다.** 영혼은 자신을 가꾸는 역량이 있다. 그러므로 우리는 영적으로 둔하고 메마르고 황량한 자신의 모습을 부끄러워해야 한다. 하나님을 위해 눈물 흘릴 줄도 모르고, 그분의 교회와 영광을 위해 탄식할 줄도 모르는 자신에 대해서 말이다. 우리는 자신의 영혼을 이렇게 설득해야 한다. "만일 내가 아내나 자녀나 재산을 잃는다면 내 못된 마음도 울며 슬퍼할 것이다. 그런데 나 자신과 하나님의 교회를 인해 통곡해야 할 더 큰 이유가 있는데도 나는 슬퍼할 줄 모른다." 아우구스티누스는 고백하기를, 아들인 자기를 사랑하여 목숨을 버린 어머니를 위해서는 울 수 있지만, 하나님을 사랑하는 마음이 없는 자신을 인해서는 눈물이 없다고 했다.[10] 친구나 재산 같은 것들을 잃고 우는 사람들은 많이 있다. 그런데 그들은 하나님의 은총을 잃고 지옥의 문턱에까지 가서도 결코 슬퍼하거나 마음이 움직이지 않는다. 그들이 자신을 위해 울 줄 모르니 우리가 그들을 위해 울어 주자. 몸을 다친 사람만 보아

도 울 수 있다면, 영혼의 위험을 인해서는 더욱더 울어야 하지 않겠는가? 그러므로 우리 마음에 슬픔을 가꾸자. 우리가 받는 성찬을 생각해 보라. 성찬은 잔치이므로 즐겁게 먹어야 한다. 유월절도 명절이므로 음식을 기쁘게 먹어야 했다. 하지만 쓴 나물과 함께 먹어야 했다. 하나님이 우리 영혼의 복된 잔치로 마련해 주신 성찬도 마찬가지다. 기쁨만 아니라 슬픔이 함께 있어야 한다. 성찬식에는 그 둘이 함께 섞여 있다. 그래서 쓴 나물과 함께 먹어야 한다. 마음의 눈으로 옛 아담을 보아야 한다. 우리의 악한 본성, 더러운 말, 불순종한 행위, 반항적 생각을 돌아보아야 한다. 나 같이 부정한 영혼을 바라보려면 하나님의 자비와 은총이 절대적으로 필요하다. 동시에 우리는 그리스도를 바라보아야 한다. 십자가에 달리신 그리스도를 영혼의 눈으로 보아야 한다. 빵과 포도주는 십자가에 달리신 그분을 상징적으로 보여준다. 그리스도의 몸이 찢긴 것은 나의 죄 때문이 아닌가? 내가 늘 품고 살다시피 하는 죄 때문이 아닌가? 내 교만과 시기와 불신과 위선과 탐심 때문에 그리스도께서 그런 고초를 당하셨다. 그분을 십자가에 매단 것은 세 개의 못이 아니라 나의 죄였다. 그래서 우리는 성찬을 통해 우리 마음에 슬픔을 가꾸어야 한다. 요시야를 위해 울었던 백성처럼^{대하 35:24-옮긴이} 우리도 그렇게 울어야 한다. 우리가 그렇게 울 거라고 하나님이 단언하셨다. "그들이 그 찌른바 그를 바라보고……그를 위하여 통곡하기를 장자를 위하여 통곡하듯 하리로다."^{슥 12:10} 이렇듯 성찬은 기쁨과 감사의 시간만이 아니라 슬픔의 시간이기도 하다. 그러므로 성찬을 기뻐하려면 먼저 죄로 인해 낮아진 다음에 기뻐해야 한다.

반문 하지만 여기서 반론이 제기될 수 있다. 성경은 우리에게 항상 기뻐하고 범사에 감사하라고 명하지 않는가?살전 5:16, 18 통곡과 애통은 감사와 기쁨에 반대되는데 어떻게 양쪽이 공존할 수 있는가?

대답 여기에 대한 내 대답은 이렇다. 이생에서 그리스도인의 상태는 안팎으로 모두 혼합된 상태다. 외적 상태도 뒤섞여 있고 영혼의 내적 성향도 뒤섞여 있다. 따라서 우리의 태도에도 그 혼합이 그대로 반영되어야 한다. 애통할 이유와 기뻐할 이유는 늘 공존한다. 우리 내면을 보아도 그렇고 바깥을 보아도 그렇다. 그러므로 그리스도인은 늘 기뻐해야 하면서도 어느 정도는 늘 애통해야 한다. 예를 들면 이렇다.

애통할 이유는 우선 그리스도인의 내면에 있다. 자신의 죄성과 날마다 범하는 죄를 보면 그렇다. 하지만 동시에 기뻐하며 하나님을 찬양할 큰 이유도 있다. 하나님이 그리스도 안에서 우리 죄를 용서하신 것을 생각하면 그렇다. 그래서 사도도 자기 자신과 자신의 악을 볼 때는 "오호라, 나는 곤고한 사람이로다. 이 사망의 몸에서 누가 나를 건져내랴"롬 7:24라고 절규했다. 하지만 동시에 이렇게 기뻐하며 하나님을 찬양했다. "우리 주 예수 그리스도로 말미암아 하나님께 감사하리로다……죄와 사망의 법에서 너를 해방하였음이라." 이렇듯 우리 자신과 관련하여 언제나 기쁨의 원인과 애통의 원인이 함께 있다. 그래서 우리는 기뻐하면서 또한 애통해야 한다. 마찬가지로 우리 바깥을 보아도 기쁨과 슬픔의 원인은 늘 공존한다. 하나님의 교회만 보더라도 그렇다. 우선 기쁨의 원인은 하나님이다. 하늘의 하나님이 늘 자신의 교회를 바라보시고, 불쌍히 여기시고, 눈동자처럼 지켜 주신다. 그분은 교회의 고통을 마음에 품으시며, 자기 백성의 환난 중에도 영광을 얻으신다. 그들을 붙드시고 위로하시며 모든 일을 합력하여 선을 이루신다. 반면에 슬픔의 원인은 하나님의 교회가 비참한 상태로 탄식하고 있다는 사실이다. 우리는 그 모습을 놓칠 수 없고, 그래서 우는 자들과 함께 운다.^{사 22:12; 암 6:6; 롬 12:15} 이렇듯 그리스도인 안에는 신기하게 기쁨과 슬픔이 뒤섞여 있다. 덕분에 우리가 누릴 수 있는 놀라운 특권이 있다. 우리는 슬픔에 완전히 파묻히지 않는다. 슬픔의 출처인 우리 마음에 기쁨의 원인도 공존하기 때문이다. 또한, 우리는 지나친 기쁨에 도취하지도 않는다. 자기 안에서 늘 슬픔의 원인을 보기 때문이다. 세상의 모든 혼합을 보면 각각의 요소가 항상 똑같은 양이나 비율로 섞여 있는 것은 아니다. 다양한 원인에 따라 지금은 이쪽이 더 많았다가 나중에는 저쪽이 더 많아질 수 있다. 우리 자신이나 다른 사람들로 인한 희비의 혼합도 마찬가지다. 어떤 때는 기쁨의 이유가 많았다가 어떤 때는 슬픔의 이유가 넘쳐난다. 그러므로 가장 기뻐해야 할 때가 언제이고 가장 울어야 할 때가 언제인지 알려는 노력은 가치 있는 일이다. 그것을 알 수 있는 방법은 두 가지다. 하나님이 외적 상황을 통해 우리를 부르실 수도 있고, 속에서 분별의 영이 우리를 인도할 수도 있다. 하나님은 그분의 자녀들에게 분별의 영을 주셨다. 그 영이 우리에게 가장 기뻐해야 할 때와 가장 울어야 할 때를 가르쳐 준다. 지금은 하나님의 교회가 비참한 상태에 처해 있는 시대인 만큼 하나님이 우리를 애통으로 부르신다. 요셉의 환난에 대하여 근심하라고 부르신다.^{암 6:6-옮긴이} 그래서 우리 속의 분별의 영도 거기에 맞게 우리를 인도한다.

질문 하지만 여기서 의문이 들 수 있다. 통곡을 끝마쳐야 할 때가 언제인지 어떻게 아는가? 영혼이 늘 한 가지 행동에만 머물러 있을 수는 없다. 그것 말고도 해야 할 일들이 많은데 영혼은 유한한 존재이기 때문이다. 그래서 영혼은 늘 애통하거나 늘 기뻐하고 있을 수만은 없다.

대답 여기에 대한 내 대답은 이렇다. 충분히 애통하고 충분히 본분을 다했다고 할 수 있으려면 다음과 같이 해야 한다. 즉, 우리는 마음을 다잡아 힘써 애통하고, 하나님 앞에 시대의 악을 아뢰며 마음을 토하고, 그분의 긍휼을 간구하고, 짧으나마 충분한 기도로 자신을 쏟아 놓는다. 그렇게 했다면 우리는 애통의 본분을 다한 것이며, 하나님이 시키시는 다른 일로 넘어가도 된다. 울고 애통한 뒤에는 기쁨과 감사의 원인을 바라보아야 한다. 울고 애통하되 그럼에도 불구하고 감사에 겨울 수 있음을 늘 잊어서는 안 된다. 나라와 우리 각자에게 주신 하나님의 복을 바라보면 감사할 수밖에 없다. 늘 악을 바라보며 침울해져 있어서는 안 된다. 현재 누리고 있는 좋은 것들로 시선을 돌려 힘써 감사해야 한다. 햇빛에 눈이 부실 때 사람들은 일부러 초록색을 쳐다보아 시력을 되찾는다. 마찬가지로 영혼을 다잡아 힘써 애통했으면 이제 기쁨과 감사의 원인을 바라보아 영혼을 돕고 일으켜 세워야 한다. 프랑스 등 여러 나라의 많은 교회는 적들의 침입으로 잔인한 압제를 당하며 자유를 빼앗겼다. 그런데 우리는 아직 자유를 누리고 있고 복음을 자유로이 전할 수 있다. 그것을 생각하면 우리에게 감사의 이유가 있다. 많은 나라가 전쟁과 역병에 휩싸여 애통하고 있지만 우리는 그 파멸도 면했다. 하나님은 계속 우리에게 말씀을 들을 자유를 주시고, 다른 나라에 없는 많은 복을 주고 계신다. 무엇보다도 우리는 모든 심판 중에서 가장 끔찍한 심판을 면하게 하신 하나님을 찬송하지 않을 수 없다. 즉, 그분은 우리를 인간의 손에 넘기지 않으시고 친히 자신의 손으로 징계하고 계신다. 인간을 통한 심판이 임하면 교회도 국가도 통곡을 면할 수 없다. 하나님이 적들을 통해 우리를 낮추지 않으시고 친히 자신의 손으로 다루심은 그분의 무한한 자비 때문이다. 그러므로 우리는 그분을 노하시게 하여 우리를 무자비한 적들의 손에 넘기시게 해서는 안 된다. 그것이야말로 끔찍한 심판이다. 하나님께 회개하며 나아가 그분의 손에 자신을 맡기는 편이 백배나 낫다. 그러면 자비로운 하나님과의 관계만 남았다. 하지만 복음을 조롱하는 무자비한 인간들의 손에 넘어가면 하나님과 그들을 둘 다 상대해야 한다. 당연히 우리의 고통이 두 배로 가중된다.

이렇듯 자신이나 다른 사람들의 상태를 보면 애통할 이유가 있다. 그래서 우리는 애통해야 하지만 동시에 감사도 잊어서는 안 된다. 하나님의 은혜에 더 많이 감사할수록 그 은혜가 더 오래 지속된다. 기도로 구한 복을 감사가 지속시켜 준다. 좋은 것을 얻는 최선의 방법이 기도와 애통이라면, 그것을 보존하는 최선의 방법은 감사와 기쁨이다. 지금까지 분명히 살펴보았듯이 그리스도인들은 늘 침울하게 낙심해 있어서는 안 된다. 애통하고 우는 것만큼이나 또한 기뻐하고 감사해야 한다.

질문 1 하지만 더 나가기 전에 여기서 몇 가지 양심의 문제에 답하고자 한다. 첫째로, 자신에게 눈물이 없다고 고충을 토로하는 영혼들이 있다. 교회의 죄와 비참한 상태로 인해 울고 싶지만, 눈물이 나지 않는다는 것이다. 그들에게 우리는 뭐라고 말할 것인가?

둘째로, 눈물은 있지만, 영적인 일들보다 외적인 일들로 인해 더 많이 우는 영혼들이 있다. 그들에게는 뭐라고 말할 것인가?

해답 1 첫 번째 질문에 간략히 답하자면 이렇다. 우리가 말하는 눈물은 결코 탁발 수도사 같은 눈물이 아니다. 그런 눈물은 어디서 오는지 알 수 없다. 눈물을 말할 때 늘 명심해야 할 것이 있다. 가장 귀한 눈물은 내면의 슬픔과 사랑에서 솟아나는 눈물이다. 죄를 미워하는 마음, 하나님을 경외하고 그분의 교회를 사랑하는 마음에서 나오는 눈물이다. 그런 마음이 있다면 눈물의 양은 중요하지 않다. 참된 슬픔이 없는 눈물도 있을 수 있다. 복을 달라고 울던 에서가 그런 경우였다.창 27:38 그래서 유대인들은 기근이 임할 때 침상에서 울부짖으며 눈물을 흘렸을지언정 속에는 진정한 슬픔이 없었다.

반대로 눈물은 없지만 참된 슬픔도 있을 수 있다. 슬픔이 너무 크면 아예 눈물이 나지 않을 수 있다. 슬픔보다 충격으로 다가오기 때문이다. 몸을 다치게 되면 처음에는 아무런 통증도 없고 피도 보이지 않는다. 그 부위가 충격을 받았기 때문이다. 마찬가지로 영혼도 한동안 충격과 비탄에 잠겨 그것이 눈물로 표현되지 않을 수 있다. 다시 말하지만, 영혼은 몸의 기질을 따라간다. 기질상 남들보다 쉽게 눈물을 흘리는 사람들이 있다. 반대로 슬픔은 더 큰데도 눈물은 가장 적을 수도 있다.

하지만 이 질문에 대한 더 직접적인 답은 다음과 같다. 교회의 죄와 비참한 상태로 인해 가끔이라도 울 수 없다면 자신의 상태가 썩 좋지 않다고 보아야 한다. 외적인 일들로는 가끔 눈물이 나는데 영적인 일들로는 울 수 없다면 그것은 좋지 않은 신호다. 대개 하나님의 자녀라면 자신의 죄나 교회의 상태로 인한 슬픔을 가끔이라도 반드시 눈물로 표현하게 되어 있다. 그들은 영적인 일들로 인한 눈물이 이미 있든지, 아니면 자신이 애통할 수 없음을 인해서라도 애통한다. 후자의 경우는 자신이 슬퍼할 수 없음을 인해 슬퍼하며, 자신이 울고 애통할 수 있기를 갈망한다. 예레미야처럼 그들도 자신의 머리가 눈물 근원이 되기를 바라고, 자신의 몸이 영혼의 뜻에 따라 주기를 바란다. 내적 슬픔을 다분히 외적으로 표현하고 싶은 것이다. 예레미야는 눈물이 부족할까 두려워 자신의 머리가 눈물 근원이 되기를 바랐다. 마찬가지로 하나님의 자녀는 자신이 울고 애통할 수 있기를 간절히 바란다!

해답 2 하지만 외적인 일들에 눈물이 더 많은 사람들에게는 뭐라고 말할 것인가? 그들을 위선자라고 정죄해야 하는가?

1) 나는 아니라고 답하겠다. 늘 흐르는 강물보다 일시적 급류가 더 빠를 수 있다. 마찬가지로 외적인 일들로 인해 돌연한 눈물과 슬픔이 있을 수 있으나 사실은 죄로 인한 슬픔이 더 크다. 그 슬픔은 지속되기 때문이다. 죄는 슬픔의 지속적 원인이다. 외적인 일들로 인한 슬픔은 돌연한 것에 지나지 않는다. 다윗이 "내 아들 압살롬아, 내 아들 내 아들 압살롬아"^{삼하 18:33} 하며 울던 때가 그런 경우였다. 여기 압살롬을 위한 돌연한 대성통곡이 있다! 하지만 다윗은 자신의 죄로 인해 더 많이 울었다. 그것은 지속적인 슬픔이기 때문이다. 그리스도인도 외적인 일로 슬퍼 한없이 우는 듯 보일 때는 그 속에 돌연한 감정이 있을 수 있다. 그러나 그는 교회의 죄와 비참한 상태로 인한 슬픔이 더 크다. 그것은 지속적인 슬픔이기 때문이다.

2) 다시 말하지만, 영적 슬픔은 영적 원인에서 비롯된다. 죄로 인한 눈물과 하나님의 교회를 위한 눈물은 순전히 영적 이유에서 나온다. 반면에 외적인 일들에 대한 본능적 슬픔은 성

령과 본능 둘 다의 산물이다. 성령과 본능이 한데 어우러지면 영혼은 마치 세찬 강물에 떠내려가는 것처럼 된다. 그래서 외적인 일들로 인해서는 눈물과 슬픔이 더 많을 수밖에 없다. 하늘의 창문들이 열리고 큰 깊음의 샘들이 터진 것처럼 대홍수가 날 수밖에 없다.창 7:11 이렇듯 위로 성령과 아래로 우리의 본능이 함께 있으면 외적인 일들로 인해 크게 슬퍼할 수밖에 없다. 하지만 사실은 많은 본능적 슬픔보다 적은 영적 슬픔이 더 낫다. 영적 슬픔은 영혼을 살찌우기 때문이다. 나일강이 이집트를 관통하여 흐르며 그 땅을 살찌우는 것처럼 영적 슬픔에서 나오는 천국의 눈물은 영혼을 살찌워 모든 거룩한 섬김에 적합하게 만든다. 둘 다 좋은 눈물이지만 본능적 눈물은 영적 눈물만 못하다. 물론 전자도 바람직한 것이다. 본능적 눈물이 없는 사람은 그만큼 타락했다는 의미다. 그래서 사도는 말세에 사람들이 본능적 감정마저 잃을 거라며 그것을 큰 죄로 꼽았다. 외적인 일들로 인한 슬픔과 눈물이 더 많은 데는 이런 이유도 있다.

3) 자신의 슬픔이 부족하다는 이유로 슬퍼하는 사람들은 자기 속에 성령이 계심을 알고 거기서 위안을 얻어야 한다. 영원한 샘이신 성령께서 점차 우리의 모든 정욕과 세상적인 모습을 이기실 것이다. 그리하여 우리 마음의 성향을 영적인 일로 인해 울고 슬퍼하기에 합당하게 빚으실 것이다.

적용 그렇다면 세상의 희희낙락하는 사람들, 슬픔과 전혀 거리가 멀어 한 번도 죄 때문에 눈물을 흘리거나 탄식하거나 신음하거나 통곡해 본 적이 없는 사람들에 대해서는 어떻게 생각해야 하는가? 그들은 자신의 죄로 인해 울어 본 적이 없다. 욕지거리, 거짓말, 하나님의 안식일을 범한 일, 남들에게 저지른 잘못 등 자신의 어떤 죄로 인해서도 하나님 앞에서 탄식한 적이 없다. 우리 인간은 태어날 때 어떤 상태였는가? 모두 진노의 자녀였고 저주의 상속자였다. 그런데 희희낙락하는 당신은 그 상태를 벗어난 적이 있는가? 아니, 늘 흥청대며 살아왔을 뿐이다. 그래서 당신은 태어날 때와 똑같이 지금도 진노의 자녀다. 심지도 않고 거둘 수 있을 것 같은가? 눈물을 뿌리지 않고 기쁨을 거두겠는가? 하나님은 그분 자녀의 모든 눈물을 병에 담으신다. 그런데 당신에게는 그 일을 하실 필요가 없다. 당신이 도무지 울지 않기 때문이다. 마치 세상에 울 일이 없다는 듯이 흥청망청 떠들고 놀기에 바쁜 사람들이 있다. 하지만 누구라도 그들의 말투를 듣고 행실과 난잡한 죄상을 본다면 당장 결론이 나올 것이다. 그들이야말로 누구보다도 울어야 할 이유가 많다는 사실이다. 그런데도 그들은 세상에 자기들밖에 없는 양 살아간다. 그들에게 애통이란 남의 일일 뿐이다. 그런 사람들에게 나는 이렇게 말해 주고 싶다. 가서 당신의 죄 때문에 눈물 흘리며 울부짖고 통곡하라. 당신은 아직 하나님과 화목한 상태가 아니다. 그러므로 하늘로부터 당신의 죄를 용서받았다는 확신을 얻기 전에는 결코 쉬지 말라. 사역자들이 이런 말을 해주면 많은 사람들이 화를 낸다. 하지만 우리가 그런 말을 해주지 않는다면 우리는 틀림없이 저주받은 존재일 것이다.

그러므로 위로를 바라는 사람, 내세에 하나님이 눈물을 닦아 주시기를 원하는 사람은 지금부터 마음을 가꾸어야 한다. 먼저 자신의 죄로부터 시작하여 나아가 시대의 죄로 인해 눈물을 흘려야 한다. 자신의 죄가 먼저라 함은 인간이란 나부터 선해져야 남에게도 선을 베풀 수 있기 때문이다. 그다음에 우리의 슬픔을 형제들에게로, 심지어 절망적 상태에 빠져 있는 바다 건너의 교회로까지 넓혀 나갈 수 있다.

요시야의 눈물에서 마지막으로 주목해야 할 점은 진실성이다.

"내 앞에서……통곡하였으므로."

진실하게 하나님 앞에서 울었다는 말이다. 그는 하나님 앞에서 죄를 지었고 하나님 앞에서 낮아졌다. 그분이 보지 못할 정도로 감추어져 있는 것은 아무것도 없다. 그분은 드러난 죄만 아니라 우리 마음의 생각까지도 다 아신다. 그러므로 우리는 위선 없이 그분 앞에서 울어야 한다. 세상이 보든 말든 하나님 앞에서 울어야 한다. 그래서 선지자도 "나의 심령이 너희 교만으로 말미암아 은밀한 곳에서 울 것이며……눈물을 흘려 통곡하리라" 렘 13:17라고 말했다. 우리도 은밀하게 하나님 앞에서 울자. 그것이 위선 없는 눈물이다. 요시야가 그렇게 겸손히 울었을 때 어떤 결과가 따랐는지 보라.

"나도 네 말을 들었노라. 여호와가 말하였느니라."

이 말씀 속에 **요시야의 겸손을 받아 주시는 하나님의 은혜**가 나타나 있다. 그분은 분명히 요시야에게 특별히 주목하셨다. "나도 네 말을 들었노라. 여호와가 말하였느니라." 하나님이 "**나도 네 말을 들었노라**"라고 하신 것으로 보아 요시야는 슬픔을 말로도 표현했던 것 같다. 그렇게 보는 것이 무난하다. 대개 하나님의 자녀들이 드리는 눈물의 기도에는 말도 섞이기 마련이다. 다윗과 선한 히스기야의 경우도 그랬다. 물론 요시야의 기도는 말투가 침착하거나 또박또박하지 않았을 수 있다. 하지만 그래도 기도였다. 상한 마음에서 나오는 더듬거리는 말과 탄식과 신음 소리를 눈물과 함께 하나님께 올려 드렸기 때문이다. 하나님은 요시야의 심중의 언어까지도 들으셨다. 그분은 자신의 자녀들 속에 계시는 자신의 영의 언어를 당연히 이해하신다. 로마서 8:26-27에 나와 있듯이 성령은 우리의 속뜻을 아신다. 하나님의 귀는 우리의 갈망과 탄식과 신음 소리를 들으신다. 목소리 대신 눈물이 우리를 대변할 수 있다. 많은 경우에 참된 슬픔은 침착한 말투로 표현될 수 없다. 상한 마음은 말보다 탄식과 신음 소리와 눈물로 표현되기 때문이다. 비록 우리가 기도의 모양새를 갖추어 또박또박 말로 아뢰지 못해도 하나님은 우리의 탄식과 신음 소리를 들으신다. 그분의 귀는 자녀의 부르짖음에 늘 열려 있다. 여기서 우리는 다음과 같은 교훈을 배워 사탄의 모든 유혹 앞에서 위로를 얻을 수 있다.

원리 6. 하나님은 우리의 기도를 낱낱이 주목하시고 이해하신다. 그분은 자녀의 신음 소리를 들으신다. 그래서 다윗은 "나의 탄식이 주 앞에 감추이지 아니하나이다"시 38:9라고 했고, 선지자는 "그는 자기를 경외하는 자들의 소원을 이루시며 또 그들의 부르짖음을 들으사 구원하시리로다"시 145:19라고 했다. 그렇다. 하나님은 처음부터 우리의 생각을 아신다. 그럴 수밖에 없다.

이유 1. 하나님이 은혜로우시고 자비로우시기 때문이다. 그분은 기도를 들으시는 하나님이시다.

2. 그분이 사랑으로 맡으신 아버지라는 관계 때문이다. 성령께서 우리를 입양하셨으므로 우리는 하나님을 아버지라 부른다. 그 단어 자체 속에 대단한 효력과 위력이 있어 그 음성은 하나님의 깊은 곳까지 도달한다. 그래서 그분은 우리의 기도를 들으실 수밖에 없다. 어린아이도 아버지에게 말할 때 이 호칭으로 부르면, 아버지는 그 단어에 마음이 움직여 아이의 말을 들을 수밖에 없다. 하나님도 마찬가지다. 우리가 아버지라고 부르면 그분은 듣지 않으실 수 없다.

3. 육신의 아버지의 사랑을 능가하는 하나님의 속성과 사랑 때문이다. 어머니는 혹시 잊고 자녀의 말을 듣지 않을지라도 주님은 우리의 말을 들으신다.

그래서 그분은 이렇게 약속하셨다. "환난 날에 나를 부르라. 내가 너를 건지리니 네가 나를 영화롭게 하리로다."시 50:15

4. 하나님이 우리의 기도를 멸시하실 수 없음은 그것이 그분 자신의 영의 몸짓이기 때문이다. 물론 우리의 기도는 더듬거리는 수준이지만, 그래도 성령께서 다 아시고 말할 수 없는 탄식과 신음으로 우리를 위해 중보하신다. 성령 외에는 아무도 우리의 기도를 알 수 없다.롬 8:26-27

5. 하나님이 우리의 기도를 들으실 수밖에 없음은 그것이 중보자이신 그리스도의 이름으로 드리는 기도이기 때문이다. 우리의 기도에는 제물이신 그분 아들의 향기로운 냄새가 배어 있다. 그래서 하나님이 듣지 않으실 수 없다.

6. 하나님이 우리의 기도를 들으실 수밖에 없음은 그것이 그분의 뜻대로 드리는 기도이기 때문이다. 우리는 자신과 하나님의 교회를 위해 기도할 때 그분의 뜻대로 기도한다. 이런 여러 이유로 인해, 하나님은 우리의 기도를 들으신다.

반문 하지만 어떤 사람들은 이런 반론을 제기할 것이다. "하나님은 내 기도를 듣지 않으신다. 기도한 지 오래되었는데도 응답하지 않으셨다."

대답 1 내 대답은 이렇다. 하나님은 언제나 들으신다. 다만 우리를 더 끈질기게 하시려고 때로 듣지 않으시는 것처럼 보일 뿐이다. 그리스도는 가나안 여인의 말을 처음부터 들으셨다. 다만 그녀를 더 끈질기게 하시려고 거부하고 퇴짜를 놓으셨다. 그러면서도 그녀에게 그분과 씨름할 수 있는 내적 힘도 주셨다.

대답 2 하나님이 듣지 않으시는 것처럼 보임은 자녀들의 기도를 음악 소리처럼 즐거워하시기 때문이다. 그분은 자녀들의 목소리를 듣기를 얼마나 좋아하시는지 모른다! 자녀의 말이 비록 어눌할지라도 아버지이신 그분은 마냥 좋아하신다. 이처럼 자녀의 기도는 하나님의 귀에 감미로운 음악과 같다. 그분은 우리의 기도가 간절한 부르짖음이 되게 하신다. 그래서 응답을 미루신다. 하지만 무작정 미루시는 게 아니라 야곱에게 씨름할 힘을 주신 것처럼 우리에게도 힘을 더하신다. 그리하여 그분과 씨름하며 다시 맹렬히 부르짖게 하신다.

대답 3 때로는 하나님이 정말 우리의 기도를 듣지 않으신다. 이는 진중에 아간이 숨어 있거나 배 안에 요나가 있기 때문일 수 있다. 우리 마음속에 회개하지 않은 죄가 있다는 뜻이다. 이럴 때는 우리가 하나님 앞에 자꾸 가도 그분이 듣지 않으신다. 하나님이 많은 그리스도인들의 기도를 듣지 않으시는 이유가 바로 여기에 있다. 자신의 상태를 철저히 살펴 죄를 찾아내고 그로 인해 낮아져야 하는데도 그들이 그러지 않기 때문이다. 지금까지 하나님이 우리에게 기도 응답을 미루시는 몇 가지 이유를 살펴보았다.

적용 이처럼 하나님은 반드시 기도를 들으신다. 그렇다면 우리는 마땅히 그것을 누려야 한다. 하나님의 가슴속에 우리의 기도를 풍성히 쌓아 올려야 한다. 이것이야말로 우리에게 가장 큰 유익이 되기 때문이다. 그분은 때가 되면 우리 모두에게 응답하신다. 성령의 감화로 인한 우리의 탄식 하나, 눈물 한 방울, 기타 어떤 선한 것도 결코 땅에 떨어지지 않는다. 하나님은 그분의 때에 반드시 풍성히 응답하신다. 애초에 우리에게 소원을 주시고, 기도할 마음을 불러일으키시고, 기도의 통로로 중보자를 주신 분도 하나님이시다. 그러므로 틀림없이 그분은 아들 그리스도로 말미암아 우리 기도를 받으시고 응답하신다. 장차 때가 이르리니 그분은 기도 외에 아무것도 받지 않으실 것이고, 우리는 기도 외에 아무것도 올려 드릴 게 없을 것이다. 그때가 되면 우리가 평소에 기도했고 이제 하나님을 부를 수 있다는 사실이 얼마나 위안이 되겠는가! 그날이 오면 선행도 더 이상 무익하고 오직 기도만 유익할 것이다. 우리 그리스도인들은 하나님께 나아갈 수 있고 그분이 기도를 들어주시니, 그때가 와도 얼마나 위안이 되겠는가! 온 세상이 힘을 합해 그리스도인들을 대적하고 다른 것을 다 빼앗고 우리를 감옥에 던진다 해도 우리의 하나님만은 빼앗을 수 없다. 기도할 수 있다는 것은 얼마나 큰 복인가! 기도하시는 성령이 우리 안에 계시는 한 우리는 결코 비참해질 수 없다. 비록 예레미야와 함께 토굴에 갇히고 요나와 함께 물고기 뱃속에 갇힌다 해도 거기서도 기도가 우리의 위안이 된다. 지옥 같은 상황에 처한다 해도 말이다.

그러므로 우리는 기도의 본분에 불성실한 자신을 부끄러워해야 한다. 또 하나님이 기도에 응답하시는지 잘 살펴야 한다. 그러지 않고서 어찌 응답에 감사할 수 있겠는가? 양심상 뭔가 영적인 일을 해야 할 것 같아 기도하는 사람들이 많이 있다. 그들은 양심의 가책을 면하려고 몇 마디 기도를 중얼거린다. 하지만 기도의 결과, 즉 하나님이 기도에 응답하시는지는 살피지 않는다. 그러나 하나님은 기도를 들으시는 분이며, 하나님의 자녀는 기도 응답으로 받은 것이 아니면 귀한 줄을 모른다. 따라서 제대로 감사하기도 어렵다. 하나님은 자녀들에게 모든 것을 구하게 하신다. 어떤 아버지들은 자녀들에게 그냥 주지 않고 무엇이든 먼저 구하게 한다. 마찬가지로 하나님도 우리가 기도로 구하는 것만 주신다. 물론 그분은 우리가 구하는 것에 넘치도록 주시지만, 그래도 받은 선물에 웬만큼 비례하여 감사하기를 원하신다. 그러므로 우리는 하나님이 기도에 어떻게 응답하시는지 잘 살펴야 한다. 그래야 제대로 감사할 수 있다. 시대가 악할 때 하나님께 다음과 같이 기도할 수 있다면 우리의 믿음은 더욱 굳건해질 것이다. "하나님, 들어주소서! 이전에도 저는 미약하나마 하나님 앞에 상한 마음으로 나아갔고, 그때 하나님은 저의 기도를 들어주셨습니다. 하나님은 지금도 기도를 들으시는 분입니다. 그러니 주여, 저의 처지를 굽어보시고 도와주소서." 이렇듯 하나님이 기도에 응답하심을 알기에 우리는 무엇이든 부족할 때마다 은혜의 보좌 앞에 담대히 나아갈 수 있다. 그 놀라운 특권을 잊어서는 안 된다. 온 세상의 가치도 이 하나의 특권만 못하다.

인간 군주는 우리의 말을 매번 들어줄 수 없지만, 하나님은 언제든지 우리가 가기만 하면 기도를 들어주신다. 그러므로 사람들이 죄에 빠지는 것은 얼마나 비참하고 어리석은 일인가. 하나님이 기도를 들어주실 수 없는 상태를 그들 스스로 자초하는 것이기 때문이다.

질문 그렇다면 어떻게 기도해야 하나님의 응답을 받을 수 있을까?

대답 내 대답은 이렇다. 우선 우리는 이 복된 특권을 누릴 수 있는 상태, 즉 하나님이 들으시고 당장이라도 응답하실 수 있는 상태에 있어야 한다.

  1. 그렇다면 그분의 말씀을 들으라. 하나님이 들어주시기를 바란다면 우리도 요시야처럼 그분의 말씀을 들어야 한다. 요시야는 낭독되는 말씀을 듣고 마음이 녹았다. 하나님은 "사람이 귀를 돌려 율법을 듣지 아니하면 그의 기도도 가증하니라"잠 28:9라고 말씀하셨다.

  우리가 그분의 말씀을 듣지 않으면 그분도 우리의 말을 듣지 않으신다. 당연하지 않겠는가? 주님은 "내가 불렀으나 너희가 듣기 싫어하였은즉……너희에게 근심과 슬픔이 임하리니 그때에 너희가 나를 부르리라. 그래도 내가 대답하지 아니하겠고"잠 1:24-28라고 말씀하신다. 그러므로 하나님의 말씀을 듣지 않는 모든 불경한 사람들은 알아야 한다. 장차 때가 이르리니 그들이 아무리 소리쳐 울부짖어도 하나님이 듣지 않으실 것이다.

2. 하나님이 들어주시려면 우리의 기도가 상한 마음에서 나와야 한다. 기도는 상한 마음의 제사다. 요시야는 연약하고 상한 마음이 있었기에 하나님이 그의 기도를 멸시하실 수 없었다. 그래서 다윗은 하나님께 이렇게 간구했다. "하나님께서 구하시는 제사는 상한 심령이라. 하나님이여, 상하고 통회하는 마음을 주께서 멸시하지 아니하시리이다."시 51:17 그래서 성 베르나르Bernard도 이렇게 고백했다. "저의 삶은 늘 부족하지만, 주께서 상한 마음과 통회하는 마음을 멸시하지 않으시니 거기에 저의 위안이 있습니다."[11] 하나님은 우리의 누그러진 마음에서 나오는 눈물과 기도를 들어주신다.

3. 기도가 더 힘 있으려면 요시야처럼 우리도 기도에 믿음과 소망과 사랑과 진실을 담아야 한다. 그는 조국을 사랑했기에 울며 기도했고 눈물로 씨름했다. 하나님은 눈물 섞인 기도에 반드시 복을 주신다.

4. 하나님이 기도를 들어주시기를 바란다면 우리도 요시야처럼 단호한 개혁의 의지가 있어야 한다. 요시야의 기도에는 개혁의 의지가 뒤따랐다. 나중에 그가 단행한 개혁은 어찌나 엄격했던지 유다의 모든 왕을 통틀어 그런 개혁은 전무후무했다. 그래서 다윗은 "내가 나의 마음에 죄악을 품었더라면 주께서 듣지 아니하시리라"시 66:18라고 했다. 죄 가운데 살려는 마음밖에 없다면 아무리 많이 기도해도 하나님이 알아주지 않으신다. 하나님이 선한 요시야를 존중하신 것은 그에게 그분을 대

적하여 죄 가운데 살려는 뜻이 조금도 없었기 때문이다.

하나님께 갈 때 역심과 죄를 한 아름 품고 간다면, 그분이 받아 주시기를 기대해서는 안 된다. 왕에게 진정하러 가는 사람이 왕을 찌르려고 단도를 들고 간다면 왕이 그의 진정을 들어주겠는가? 마찬가지로 우리가 하나님께 갈 때 죄라는 단도를 들고 가 그분을 찌른다면 그분이 우리의 기도를 들어주시겠는가? 욕지거리와 거짓말과 교만과 탐심 따위를 버리지 않는다면 복을 받기란 요원한 일이다. 자신의 마음과 언약하지 않고 오히려 계속 죄를 짓는다면 그렇다. 요시야는 자신을 개혁했고 그래서 하나님은 "나도 네 말을 들었노라"라고 말씀하셨다. 요컨대 선한 요시야처럼 우리도 상한 마음으로 기도한다면 우리의 앞날도 요시야처럼 순탄할 것이다. 하나님은 그의 기도를 들으셨을 뿐 아니라 놀라운 복으로 그에게 갚아 주셨다. 이생의 환난을 면하여 천국 집에 가게 해주셨다.

다음 장에서 그 내용을 살펴보고자 한다.

chapter **04.**

성도의 안식

그러므로 내가 네게 너의 조상들에게 돌아가서 평안히 묘실로 들어가게 하리니 내가 이곳과 그 주민에게 내리는 모든 재앙을 네가 눈으로 보지 못하리라 하셨느니라. 이에 사신들이 왕에게 복명하니라. 대하 34:28

최고의 날들로 인생을 마감하는 것은 다분히 그리스도인의 특권이다. "저녁에는 울음이 깃들일지라도 아침에는 기쁨이 오리로다."시 30:5 그리스도인은 어둠 속에서 시작하여 빛 가운데 마친다. 반대로 악인은 빛 가운데 흥청대며 시작하여 어둠 속에서 마친다. 그 어둠은 "바깥 어두운 데"마 8:12이며, 베드로는 그것을 "캄캄한 어둠"벧후 2:17이라 표현했다. 하나님은 회개하지 않고 반항하는 자들에게 이생에서 외적 심판을 내려 그 어둠을 미리 경고하신다. 그리하여 많은 경우에 경건한 사람들과 악인들의 차이를 눈에 보이고 손에 느껴지게 드러내신다. 예컨대 롯과 소돔 사람들의 차이, 노아와 음란한 세상의 차이, 모세와 그를 따르던 이스라엘 백성과 그에게 반역한 고라와 다단 일당의 차이, 홍해에서 이집트 민족과 이스라엘 민족의 차이가 그런 경우다. 이번 본문에서는 그것이 선한 왕 요시야와 그의 백성의 차이로 나타난다. 요시야는 하나님이 악한 반역의 신민들에게 내리실 모든 재앙을 눈으로 보지 않게 되었다. 오, 거룩함은 얼마나 복된 것인가. 거룩한 사람은 어떤 풍랑을 만나도 반드시 결과가 순탄하다. 이사야가 말했듯이 모든 영광 위에 덮개가 있기 때문이다.^{사 4:5} 하나님은 의인을 위하여 빛을 뿌리신다.^{시 97:11} 그런 사람은 어떤 환난을 만나도 마지막이 복되다. 발람은 "나는 의인의 죽음을 죽기 원하며 나의 종말이 그와 같기를 바라노라"^{민 23:10}라고 했다. 하나님의 모든 성도가 이런 영광을 누린다. 선한 왕 요시야도 그런 영광을 누렸다. 그는 장차 임할 재앙을 보지 않고 그곳을 벗어나게 되었다. 비록 이 땅을 떠나지만 그것은 그에게 복이었다. 대신 천국에 들어가는 것이니 그보다 좋은 맞바꾸기는 없다.

본문 말씀 속에 **선한 왕 요시야에게 주시는 상과 큰 은총이 약속되어 있다.** 그는 죽어 조상들에게 돌아갈 것이다. 게다가 그 방법을 보면 그는 "평안히 묘실로 들어"갈 것이다. 평안한 죽음은 구체적으로 이렇게 설명된다. "내가 이곳과 그 주민에게 내리는 모든 재앙을 네가 눈으로 보지 못하리라." 하나님의 약속에는 세 가지 종류가 있다. 첫째로, 율법에 순종한다는 조건으로 주시는 약속이 있다. "이것을 행하라, 그러면 네가 살리라." 둘째로,

우리가 자신의 죄를 보고 겸손해지면 하나님은 새로운 길을 제시하신다. 즉, 그분은 우리가 우리 죗값을 치러 주신 예수 그리스도를 확실히 믿으면 살리라고 약속하신다. 이것은 가장 포괄적인 약속이며 영생과 죄 사함의 약속이다. 셋째로, 우리가 은혜 안에 있을 때 주시는 격려의 약속들이 있다. 아들을 상속자로 삼으려는 아버지가 아들에게 많은 격려의 약속들을 주듯이 하나님도 은혜의 언약 안에 있는 자녀들을 그렇게 대하신다.

요컨대 하나님은 우리를 격려하시려고 특정한 상들을 약속하신다. 영생이라는 크고 주된 상을 이미 확신하고 있는 우리에게 말이다. 그래서 하나님은 천국의 상속자인 요시야에게 격려의 약속을 주셨고, 그의 선행이 하나도 땅에 떨어지지 않게 은총을 베푸셨다. 여기서 얻을 수 있는 일반적 교훈은 이것이다.

원리 1. 자녀를 은혜로 대하시는 하나님을 볼 수 있다. 그분은 자녀의 선행을 일일이 보시고 상을 주신다. 이생에서도 상을 주신다. 하나님이 듣지 않으시는 신음 소리는 없고 하나님이 병에 담지 않으시는 눈물방울도 없다. 그런데 대부분 사람들의 경우에는 하나님이 그런 일을 하실 필요가 없다. 그분이 "모든 눈물을 그 눈에서 닦아 주시"겠다고 약속하셨지만계 21:4 그들은 눈물을 하나도 흘리지 않았기 때문이다. 하지만 조금이라도 눈물을 흘렸거나 선한 말을 했으면 반드시 하나님의 상이 있다. 그분은 냉수 한 그릇에도 반드시 상을 주신다. 그러실 수밖에 없는 이유가 있다.

하나님께서는 우리의 선행을 아름다운 작품으로 보시기 때문이다. 사실 우리의 선행은 그분 자신이 우리 안에서 이루신 작품이다. 요시야는 비록 말이 없었어도 깊은 겸손 자체가 기도가 되어 하나님의 귓전에 쟁쟁하게 울렸다. 그래서 그분은 상을 주실 수밖에 없었다. 요컨대 우리의 선행에 반드시 상이 따르는 이유는 하나님이 우리를 자기 영의 아름다운 작품으로 보시기 때문이자, 또한 우리의 선행이 하나님께 부르짖어 하늘의 복을 끌어내리기 때문이다.

적용 우리는 여기서 위안을 얻을 수 있다. 하나님이 우리에게 천국만 상으로 주실 뿐 아니라 이생에서도 모든 선행에 보상해 주시기 때문이다. 그분은 위선자들에게도 상을 주실 정도로 너그러우신 분이다. 그분은 위선자들의 어떤 선행에도 신세를 지지 않으시고 반드시 생전에 갚으신다. 그래서 그들에게 외적 은총으로 보상해 주신다. 그들이 원하는 것은 그것이 전부다. 아합은 겉으로만 겸손하게 행했지만 그에 대한 보상을 받았다.^{왕상 21:27-29} 서기관들과 바리새인들도 많은 선을 행하여 자기들이 바라던 것을 얻었다. 그들이 바라던 것은 천국이 아니라 사람들의 칭찬이었으므로 그리스도의 말씀대로 바로 그것을 얻었다. "내가 진실로 너희에게 이르노니 그들은 자기 상을 이미 받았느니라."^{마 6:5} 하나님은 누구에게도 신세를 지지 않으시고 선인이든 악인이든 무슨 선을 행하면 꼭 갚아 주신다. 양심이 떳떳한 사람은 하나님께 담대히 나아가 겸손한 마음으로 이렇게 아뢸 수 있다. "오 주님, 제가 주님을 어떻게 대해 왔는지 기억하여 주소서." 이는 자신의 선행을 자랑하는 게 아니다. 선한 히스기야도 그렇게 기도했다. "여호와여, 구하오니 내가 주 앞에서……선하게 행한 것을 기억하옵소서."사 38:3 우리도 모든 행동으로 힘써 하나님을 기쁘시게 하면 은혜의 보좌 앞에 담대히 나아가 "주여, 기억하여 주소서"라고 아뢸 수 있고, 베드로처럼 "내가 주님을 사랑하는 줄 주님께서 아시나이다"요 21:15라고 고백할 수 있다. 양심의 거리낌 없이 하나님께 담대히 나아갈 수 있는 것은 특권이다. 설령 그 외에 다른 상이 없다고 해도 그것만으로도 충분하다. 이렇게 주께서 반드시 상을 주시는데도 우리의 수고와 선행이 아주 빈약하다면 얼마나 부끄러운 일인가! 그래서 우리는 사도의 권고를 귀담아들어야 한다. "그러므로 내 사랑하는 형제들아, 견실하며 흔들리지 말고 항상 주의 일에 더욱 힘쓰는 자들이 되라. 이는 너희 수고가 주 안에서 헛되지 않은 줄 앎이라." 고전 15:58 하나님은 냉수 한 그릇, 눈물 한 방울에도 일일이 상을 주신다. 우리의 모든 선행은 기도처럼 복을 간구하는 힘이 있다. 그렇다. 비록 아무 말이 없어도 우리의 모든 눈물이 하나님께 아뢴다. 그렇다면 이제 요시야가 받은 상의 구체적인 내용으로 들어가 보자.

"그러므로 내가 네게 너의 조상들에게 돌아가서."

여기 "그러므로"라는 말은 약속을 제시하기 전에 주의를 환기시키는 단어다. 앞에서 경고를 제시하기 전에도 이 단어가 나왔다. "그러므로 나의 노여움을 이곳에 쏟으매 꺼지지 아니하리라." 경고 앞에만 아니라 약속 앞에도 "그러므로"가 필요하다. 눈앞에 재앙이 닥쳐온 상황 앞에서 영혼은 본성상 낙담하여 의기소침해지기 쉽다. 그래서 약속 앞에 "그러므로"라는 말이 필요하다. 요시야나 다른 모든 사람들의 낙담한 영혼을 조금이라도 일으켜 세우기 위해서다. 그리스도인들은 눈이 둘이어야 한다. 한 눈으로는 악을 보고 한 눈으로는 선을 보아야 한다. 자신들 안에 있는 하나님의 은혜를 보아야 감사할 수 있다. 그런데 대체로 그리스도인들은 자신들 안에 있는 악만 본다. 그래서 하나님은 영광을 잃으시고 우리는 위안을 잃는다.

"그러므로 내가 네게 너의 조상들에게 돌아가서 평안히 묘실로 들어가게 하리니."

원리 2. 여기에 쓰인 가나안식 어법을 잘 보라. **성령은 평범한 일로도 영혼을 세워 주셔서, 평범한 일을 중요하게 생각하게 하신다.**

그래서 성령은 죽음을 "돌아가다"gathering라는 말로 유화하신다. 그분은 "네가 죽어서"라고 하지 않으시고 "너의 조상들에게 돌아가서"라고 말씀하신다. 성경에 보면 위로가 담긴 표현들이 아주 많이 나오는데, "평안히 묘실로 들어가게 하리니"라는 말씀도 그중 하나다. 평안이라는 단어가 성경에 얼마나 많은 의미로 쓰였는지는 굳이 말하지 않겠다. 평안히 묘실로 들어간다는 말은 "네가 조용하고 명예롭고 평온하게 죽을 것이다. 내가 이 나라에 내릴 재앙을 네 눈으로 보지 않을 것이다"라는 뜻이다. 여기 조상들이란 아브라함과 이삭과 야곱과 모든 신실한 족장들을 가리킨다.

원리 3. 보다시피 죽음이란 돌아가는 일에 지나지 않는다. 아주 달콤한 이 표현은 우리에게 중요한 의미가 있다. 여기에는 하나님의 모든 자녀들이 이 세상의 악인들 사이에 흩어져 있다는 전제가 깔려 있다. 낯선 땅을 지나는 순례자들처럼 우리는 이 척박한 곳에서 고생하며 살아간다. 그래서 반드시 다시 돌아가야 한다. 이것이 우리에게 위로가 된다. 하지만 요시야는 어디로부터 돌아가는 것인가? 악하고 혼탁한 세상으로부터 돌아간다. 어디로 돌아가는 것인가? 조상들에게 돌아간다. 그의 영혼은 그들의 영혼에게로 가고 그의 몸은 그들과 함께 무덤에 눕는다. 마치 하나님이 이렇게 말씀하시는 것과 같다. "너는 세상 사람들을 떠나 더 좋은 사람들에게 갈 것이고, 땅의 왕국을 떠나 더 좋은 왕국에 갈 것이다."

원리 4. 하나님의 자녀들은 더 좋은 쪽으로 변화된다. 그들에게 죽음이란 돌아가는 일일 뿐이다. 하나님이 우리를 거두심은 gathering 그만큼 우리를 귀히 여기시기 때문이다. 무가치한 것을 거두실 그분이 아니다. 요시야는 진주처럼 거둘 가치가 있는 존재였고, 그분이 애지중지하시는 귀한 사람이었다. 마찬가지로 모든 그리스도인은 하나님이 그리스도의 피라는 값비싼 대가를 치르고 사신 존재다. 그래서 하나님은 우리를 망하게 두지 않으시고, 악한 날이 이르기 전에 우리를 거두신다. 사람들은 불길이 집 안에 들이닥치기 전에 으레 보석을 거두고, 농부들은 밭을 짐승에게 내주기 전에 반드시 옥수수를 거둔다. 마찬가지로 하나님도 우리에게 "내가 이 땅을 멸하기 전에 반드시 너를 거두리라"라고 말씀하신다. 우리 모두는 본래 아담 안에서 잃어버린 바 되어 하나님으로부터 흩어졌다. 그래서 이제 그리스도 안에서 다시 모아져야 한다. 모든 선한 수확은 그리스도 안에서 이루어지며, 그분은 모든 선한 연합의 머리이시다. 이 일은 하나님의 경륜을 따라 그리스도의 사역을 통해 이루어진다. 우리를 모으시는 것이 그분의 사역 목적이다. 그래서 그리스도는 마태복음 23:37에 예루살렘을 향해 "암탉이 그 새끼를 날개 아래에 모음 같이 내가 네 자녀를 모으려 한 일이 몇 번이더냐. 그러나 너희가 원하지 아니하였도다"라고 말씀하셨다. 그리스도는 말씀으로 그들을 자기에게 모으려 하셨으나 그들이 거부했다.

이생에서 그리스도인은 믿음으로 말미암아 그리스도께로 돌아오고 사랑으로 말미암아 성도들의 교제로 돌아온다.살전 4:17 우리가 은혜 가운데 자랄수록 그리스도와의 교제가 더욱 친밀해진다. 그렇게 은혜로 말미암아 돌아온 우리는 나중에 죽음을 통해 영광 중에 그리스도께로 돌아간다. 그리하여 영혼이 영원히 주님과 함께 있게 된다. 그 뒤에 더 높은 차원의 모으심이 이루어진다. 심판 날에 모든 성도가 대회를 이루고, 우리의 육과 영이 다시 연합하여 영원히 주님과 함께 살게 된다. 그러므로 우리가 잊지 말아야 할 것이 있다. 세상에서 무슨 일을 당해도 우리는 반드시 돌아간다. 죽음은 돌아가는 일일 뿐이다. 요시야는 어디로부터 돌아가는 것인가? 죄 많은 세상, 악한 현실, 비참한 사람들로부터 돌아간다. 모든 선한 조상들에게로, 나아가 하나님 아버지께로 돌아간다. 이 땅에서 우리 모두는 사자 굴속의 다니엘과 같고 이리 떼 속의 양과 같다. 하지만 죽으면 조상들에게 돌아간다. 더 좋은 곳인 천국으로, 더 좋은 사람들인 조상들에게로 돌아간다. 거기서 우리는 영원히 주님을 찬양할 것이며, 다시는 그분의 마음을 아프시게 하지 않을 것이다. 또한 우리 서로를 기쁘게 하고 사랑할 것이다. 이 땅에서는 그리스도인들이 사랑과 애정으로 함께 모이지 못하고 서로의 기분을 상하게 한다. 하지만 천국에 가면 영원히 사랑으로 모여 연합할 것이다.

적용 무엇보다 이것은 **친구들을 사별할 때 우리에게 위로가 된다.** 우리는 그들의 영혼을 하나님의 손안에 올려 드리며 위로를 얻을 수 있다. 알다시피 그들은 구원을 잃은 게 아니라 우리보다 앞서 불려 갔을 뿐이다. 장차 우리도 그들에게 돌아갈 것이다. 하지만 그들이 우리에게 다시 올 수는 없다. 그러니 슬퍼할 까닭이 무엇인가? 그들은 평안히 조상들에게 돌아가 안식하고 있다. 오히려 이를 통해 우리 자신의 영혼까지 하나님께 올려 드려야 한다. 신실하신 창조주요 구속자이신 그분의 손에 자신을 맡겨야 한다. 우리는 어디로부터 가는 것인가? 죄 많은 세상과 눈물의 자리를 떠나 형언할 수 없는 행복의 세계로 가는 것이다. 그러니 죽음을 두려워할 이유가 무엇인가? 죽음이란 조상들에게 돌아가는 일에 지나지 않는다. 이것은 이 세상을 살아가는 우리에게 얼마나 큰 위로인가! 우리가 장차 갈 곳은 온통 선善만 있는 곳이다. 거기서 우리는 조금도 훼손된 부분 없이 완전히 하나님의 형상으로 새롭게 될 것이다. 그러니 무디어지고 나른해진 우리 영혼은 깨어나야 한다. 어느 날 우리도 그렇게 돌아갈 것이다. 물론 악인들도 돌아가지만, 그것은 재앙의 수확이다. 그들은 가라지처럼 단으로 묶여 지옥에 던져져 거기서 영원히 불에 탈 것이다. 그들은 찌꺼기나 겨와 같다. 이생에서 믿음으로 그리스도께 돌아온 적도 없고, 사랑으로 몸된 교회에 돌아온 적 없기 때문이다. 그래서 여기서도 찌꺼기와 겨로 바람에 날렸고 내세에도 영원히 날릴 것이다.시 1:4 은혜의 삶에 관한 한 그들은 여기서 가인처럼 방랑자이며, 따라서 이후 영광의 삶에서도 영원히 끊어질 것이다. 그들은 자기가 이 세상에 살 때 좋아했고 함께 지냈던 사람들에게 돌아갈 것이다. 여기서 악인들과 함께 있기를 좋아했으니 이후에도 지옥의 그들에게 돌아갈 것이다. 여기 확실한 사실이 있다. 사후에 천국에 가든 지옥에 가든 우리는 여기서 함께 살던 사람들과 거기서도 함께 산다. 당신은 지금 악한 무리와만 함께 즐겁게 살고 있는가? 그렇다면 사후에 그들과 끊어지는 것이 오히려 서운할 것이다. 여기서 사랑과 애정으로 그들과 모인다면 죽어서는 지옥과 파멸 속에서 그들과 모일 것이다. 선한 무리를 좋아하는 사람들은 천국에서도 영원히 그들과 함께 있을 것이다. 얼마나 확실한 위로인가. "우리는 형제를 사랑함으로 사망에서 옮겨 생명으로 들어간 줄을 알거니와."요일 3:14 반대로 여기서 악으로 형제가 된 사람들은 자신들의 악한 행실과 대화를 보면 사후에 자신들이 어떻게 될지 알 수 있다. 그들은 모두 가라지이므로 함께 단으로 묶여 영원히 지옥 불에 던져질 것이다.

"내가 네게……평안히 묘실로 들어가게 하리니."

보다시피 요시야가 받은 상은 그냥 죽음이 아니라 평안한 죽음이다. 그도 모든 인간의 길을 갔고, 왕이지만 죽어야 했다. 이것은 만인에게 적용되는 철칙이다. 인간은 누구나 죽어야 한다. 평안히 묘실에 들어간다는 말은 흙 속에 묻힌다는 뜻이다. 창세기 3:19에 나와 있는 대로다. "너는 흙이니 흙으로 돌아갈 것이니라." 우리는 흙에서 왔으므로 흙으로 돌아가야 한다. 우리 몸인 흙과 우리가 밟는 흙이 서로 만난다. 지금 하나님은 요시야에게 그 복을 약속하신다. 여기서 우리가 배울 수 있는 교훈이 있다.

원리 5. 장례는 아름답고 명예로운 일이다. 우리는 이를 귀하게 여겨야 한다. 일단은 죽은 그리스도인의 몸이 소중하기 때문이다. 그들은 성령의 전이자 그리스도의 지체이므로 우리는 그들의 장례에 예를 다해야 한다. 또한, 이는 장례가 고인을 향한 우리의 사랑과 애정의 표현이기 때문이기도 하다. 장례는 고인에게 베풀 수 있는 마지막 호의다. 아울러 우리는 부활의 소망을 표현하는 의미로도 장례를 귀히 여겨야 한다. 지금은 흙 속에 묻히지만 나중에 몸이 부활할 것이다. 욕된 것으로 심지만 영광스러운 것으로 다시 살아날 것이다.^{고전 15:43-옮긴이} 이런 여러 가지 이유로 장례는 명예로운 일이다. 그러므로 성도들을 장사 지냈다는 성경의 표현은 그것이 그만큼 명예로운 일이라는 뜻이다. 과연 그것은 명예다. 특히 아버지를 자식들과 친구들이 장사 지내 무덤에 묻을 때에 더욱 그렇다. 짐승처럼 묻히는 것은 악인들에게 임하는 심판이기 때문이다.

질문 하지만 그런 장례가 치러지지 못한 모든 사람들은 어떻게 되는가? 적그리스도가 많은 성도들에게 흔히 쓰는 수법처럼, 몸이 맹수의 밥이 되었거나 화형을 당했거나 강물에 내던져진 사람들은 어떻게 되는가?

대답 내 대답은 이렇다. 이 경우에는 믿음으로 난관을 이겨 내야 한다. 사후에 기독교식 장례가 치러지는 것이 비록 하나님의 은총이요 복이지만, 그리스도인들은 때로 하나님이 반대로 부르시면 그런 복이 없어도 자족해야 한다. 편안한 양심이나 하나님의 사랑으로 복된 장례를 누릴 수 없을 때도 있다. 그런 경우에는 굳이 장례 자체를 하나님의 은총으로 꼽을 가치가 없다. 그러므로 모든 그리스도인은 자신의 몸과 목숨을 전부 기꺼이 위험 앞에 내놓아야 한다. 사후에 장례가 없더라도 만족할 뿐 아니라 자신의 목숨과 모든 것을 하나님께 제물로 드려야 한다. 많은 성도들이 그렇게 순교했고 몸이 불타 재가 되었다. 하지만 하나님은 자녀들의 시신이 재가 되었어도 그것을 다 모으신다. "그의 경건한 자들의 죽음은 여호와께서 보시기에 귀중한 것이로다."^{시 116:15} 비록 장례는 치러지지 못해도 하나님의 자녀로 죽는 것이 악인으로서 세상 최고의 명예로운 장의를 누리는 것보다 낫지 않은가? 성령께서 뭐라고 말씀하셨던가? "주 안에서 죽는 자들은 복이 있도다."^{계 14:13} 복이 있는 사람은 호화롭게 죽어 거창하게 묻히는 사람이 아니라 주 안에서 죽는 사람이다. 그러므로 장례가 아름다운 것이지만, 혹시 그것을 받지 못해도 우리에게 하나님과 그리스도가 있으면 모든 복을 받은 것이다. 요컨대 사후에 우리 몸이 어떻게 되든 그것은 중요하지 않다. 설령 우리 몸이 바닷속에 내던져지고 불에 타서 재가 되어도 요한계시록 20:13 말씀처럼 바다와 땅이 죽은 자들을 다 내줄 것이다. 그러므로 우리는 기꺼이 하나님께 몸을 내드리자. 우리 몸은 본래 그분이 주신 것이다. 그분을 위해 우리의 목숨을 제물로 드리는 것이 그분의 뜻이라면, 기꺼이 그렇게 하자.

"내가 네게……평안히 묘실로 들어가게 하리니."

반문 어떻게 그럴 수 있는가? 성경의 다음 장에 보면 요시야는 전쟁 중에 적들의 활에 맞아 죽었다. 이것이 평안한 죽음인가? 대답 내 대답은 이렇다. 바로 다음 절에 자세한 설명이 나온다. "내가 이곳과 그 주민에게 내리는 모든 재앙을 네가 눈으로 보지 못하리라." 이는 "교회와 국가의 멸망을 네 눈으로 보지 못하리라"라는 말씀과 비슷하다. 그러므로 비록 요시야가 우상을 섬기는 바로와 그의 군사들에게 죽임을 당하기는 했지만, 그래도 더 처참한 상태의 삶에 비하면 평안하게 죽은 것이다. 적들의 손에 피를 흘리며 죽었지만, 그것이 평안한 죽음이었다. 죽음으로써 죽음보다 더 처참한 것을 보지 않게 되었기 때문이다. 하나님은 인간을 이생에 묶어 두어 죽음 자체보다 더 비참한 꼴을 당하게 하실 수도 있다.

여기서 우리는 이런 교훈을 배울 수 있다.

원리 6. 살아서 당할 재앙보다 죽음이 덜 비참할 수 있다. 이생이 워낙 비참하고 죽음이 삶보다 훨씬 나아 차라리 죽음을 택하고 싶을 수 있다. 사는 동안 우리는 죽고 싶은 마음이 절로 들 만큼 비참한 상태에 빠질 수 있다. 삶이 죽음보다 더 비참해지는 이유는 다음과 같다. 어떤 면에서 돌연사가 질질 끄는 죽음보다 낫다. 한 번 죽는 것이 여러 번 죽는 것보다 낫다. 요시야는 이 한 번의 죽음으로 얼마나 많은 죽음을 면했는가! 그가 죽은 후에 나라와 하나님의 교회는 망했고, 그의 아들들은 포로로 끌려가 죽임당하거나 눈알이 뽑혔고, 하나님의 성전은 허물어지고 대신 우상이 들어섰다. 만일 그가 살아서 이 모든 재앙을 보았다면 그것이야말로 그에게 죽음이었을 것이다.

그러므로 우리는 어떻게든 사후의 비참하고 저주받은 상태를 피해야 한다. 악인들은 그저 죽음을 피할 생각밖에 없다. 하지만 이생이 심히 비참해지면 차라리 죽고 싶어질 수 있다. 한 이교도 황제가 그랬다. 그는 "내게 호의를 베풀어 나를 죽여 줄 사람조차 없구나"[12]라고 푸념했다. 무신론자들은 그저 살려는 생각밖에 없다. 저급한 무신론자여, 그대는 죽음보다 더 비참한 상태에 빠질 수 있다. 그것이 그렇게 끔찍하다면 사후의 그대 상태는 오죽하겠는가. 무신론자는 이생에서는 죽고 싶지 않아 삶을 바라지만 지옥에서는 차라리 죽음을 바랄 것이다! 지금은 죽음이라는 단어조차 피하지만 그때가 되면 오히려 죽기를 소원할 것이다. 그러므로 하나님이 불러 주실 때 복음에 삶을 드리지 않고, 삶을 그런 저급한 상태와 맞바꾼다는 것은 얼마나 지독하게 미련한 일인가. 이렇게 저급한 삶에 의지하는 사람은 영혼의 구원을 잃고 영원히 지옥에 살게 된다. 그때는 차라리 죽고 싶어질 것이다.

"그러므로 내가 네게 너의 조상들에게 돌아가서 평안히 묘실로 들어가게 하리니."

보다시피 "들어가게 하"시는 분은 하나님이다. 여기에 또 하나의 교훈이 있다.

원리 7. 우리의 시간은 하나님의 손안에 있다. 그래서 다윗은 "나의 앞날이 주의 손에 있사오니"시 31:15라고 했다. 우리가 세상에 태어나 살다가 세상을 떠나는 때가 다 하나님의 손안에 있다. 그래서 그분은 "내가 네게……평안히 묘실로 들어가게 하리니"라고 말씀하신다. 하나님은 죽이실 권세가 있으시며, 우리의 출입은 다 그분께 달려 있다. 그분은 삶과 죽음의 주인이시다.

적용 세상을 사는 동안 그것이 우리에게 위로가 된다. 우리는 사는 동안 자기 손안에 있지 않으며, 죽을 시점도 자기가 정하지 않는다. 우리의 때는 원수의 손안에 있지도 않고 오직 하나님의 손안에 있다. 우리가 이 세상에 존재하는 일정 기한을 하나님이 정하셨다. 그러므로 우리는 그분께 순종하다가 믿음과 소망 중에 죽어야 한다. 우리의 죽음은 조상들에게 돌아가는 일에 지나지 않는다. 우리는 이 땅을 떠나 더 좋은 곳으로, 더 좋은 사람들에게로 돌아간다.

또 보다시피 **인간은 자신의 행복이 다한 뒤로도 더 살 수 있으나 결국 삶 자체가 오히려 심판이 될 수 있다.** 죽음보다 더 비참한 꼴을 당할 수 있기 때문이다. 명이 길어 집안의 몰락을 눈으로 보는 부모들이 얼마나 많은가! 자식이 실패하여 패가망신하는 꼴을 빤히 지켜보아야 하는 부모들이 얼마나 많은가! 하나님이 요시야를 데려가신 것은 행복이 다한 뒤로도 더 살지 않게 하시기 위함이었다. 하나님이 얼마나 애틋한 애정으로 자기 자녀들을 잘되게 하시는지 보라. 그분은 우리가 비참할 때 불쌍히 여기시고, 우리가 감당할 수 있는 한계를 아시며, 짐을 주시면 반드시 감당할 힘도 함께 주신다. 하나님은 요시야의 마음이 연약하여 경고만 듣고도 녹아짐을 아셨다. 조국에 대한 경고도 차마 듣지 못하는 사람이 백성과 나라에 참담한 재앙이 임하는 모습을 차마 볼 수 있겠는가? 어림도 없는 일이다. 그래서 하나님은 차라리 그를 조상들에게 데려가셨다.

이것은 우리에게 놀라운 위로가 된다. 많은 경우에 하나님은 너무 슬픈 일을 우리에게 허락하지 않으신다. 그렇다면 우리도 하나님을 닮아 서로를 대할 때 그분이 우리를 대하시는 것처럼 해야 한다. 남편이 아내를 대할 때나 아내가 남편을 대할 때나 그 밖에도 다 마찬가지다. 상대를 정도 이상으로 슬프게 하거나 또는 상대가 감당할 수 없는 일을 알려서는 안 된다. 하나님은 그 나라에 내리실 재앙을 요시야가 보지 못하게 하셨다. 요시야의 심성이 여려 조금만 슬퍼도 거기에 짓눌릴 것을 아셨기 때문이다. 그러므로 우리도 남을 지나치게 슬프게 하거나 감당하지 못할 일을 알리지 않도록 조심해야 한다.

다시 말하지만 자상하고 자애로운 아버지에게는 자식이 망하는 꼴을 보는 것이 죽음보다 더 비참한 슬픔이다. 여기서 모든 젊은 사람들이 배워야 할 것이 있다. 젊은 사람들은 윗사람을 슬프거나 속상하게 하지 않도록 조심해야 한다. 윗사람들에게는 그것이 죽음보다 더 비참한 일이다. 요시야도 자기 자식들이 망하는 모습을 보았다면 그것이 죽음보다 더 비참했을 것이다. 어려서부터 귀하게 기른 자녀가 성년이 되어 방탕하게 살다 망한다면, 부모로서는 그 모습을 보기가 죽기보다 더 비참할 것이다. 이런 자녀는 부모의 수명을 크게 단축시킨다. 이것은 "살인하지 말라"고 한 제6계명에 어긋난다. 그러므로 우리는 고마운 은인들을 죽일 게 아니라 오히려 그들의 마음에 위로와 새 힘을 주어야 한다. 죽음보다 더 비참한 일을 안겨 주어서는 안 된다.

"내가 이곳과 그 주민에게 내리는 모든 재앙을 네가 눈으로 보지 못하리라."

원리 8. 여기에도 우리가 배울 교훈이 있다. **눈으로 보는 재앙이 가장 깊은 영향을 미친다.** 귀로 들을 때보다 눈으로 볼 때 가장 깊게 새겨지는 법이다. 성찬이 좋은 예다. 떼어진 빵과 부어진 포도주를 볼 때 그것이 우리에게 깊은 감화를 끼친다. 요시야가 재앙을 눈으로 보면 그 마음이 무너지리라는 것을 하나님이 아셨다. 그래서 그에게 "내가 이곳과 그 주민에게 내리는 모든 재앙을 네가 눈으로 보지 못하리라"라고 하셨다. 시각이 가장 확실한 감각이며 영혼에 가장 깊은 흔적을 남긴다. 천국에서 우리가 누릴 큰 기쁨과 행복이란 하나님을 영원히 직접 보는 게 아니고 무엇이겠는가? 시각은 지상에서도 복이다. 사물을 보는 육신의 눈도 그렇고, 멀리까지 내다보게 하는 영혼의 눈과 믿음도 그렇다. 그러다 나중에 천국에 가면 그분의 얼굴을 대면하여 보게 된다. 이렇듯 시각은 우리를 행복하게도 하고 불행하게도 한다.

적용 1 그렇다면 장차 자신의 악한 눈으로 **지옥에 보내진 자신을 보게 될 사람들은 얼마나 비참한가. 그들은 자신이 즐기던 육체적 안락과 함께 지옥에 갈 것이다.** 그것을 눈으로 볼 뿐 아니라 마음으로도 느낄 것이다. 많은 무신론자들의 소원은 오직 목숨을 지키는 것이다. 그들은 개같이 살지언정 삶을 원한다. 하지만 때가 되면 삶보다 죽음을 더 간절히 원할 것이다. 천 번의 죽음보다도 더 비참한 상태를 눈으로 보고 몸과 양심으로 느낄 것이다. 그야말로 살아 있는 죽음이다. 양심이 벌레처럼 영원히 그들을 갉아먹을 것이고, 꺼지지 않는 고통의 불을 직접 보고 느낄 것이다. 지금은 악인들이 하나님을 기쁘시게 할 생각 따위 없이 기분 내키는 대로 삶을 즐기지만, 그날이 오면 차라리 삶이 싫어질 것이다. 지금은 어떻게든 죽음을 피하려고 안간힘을 쓰지만 때가 되면 죽고 싶은 마음밖에 없을 것이다. 죽음은 두려움의 왕이요 끔찍한 것이다. 하지만 죽음 너머를 보면 그 뒤에 무엇이 있는가? 죽음 바로 뒤에 지옥과 영원한 저주가 보일 것이다.

적용 2 여기서 우리는 **하나님이 약속하신 장수를 이해하는 법도 배워야 한다.** 장수長壽는 하나님의 약속이요 은총이며 마땅히 사모할 대상이다. 하지만 장수를 구하는 기도에는 하나님이 장수를 좋게 보시는 경우에 한해서라는 조건이 붙어야 한다. 그러지 않으면 하나님이 우리에게 장수를 주셔서 세상의 재앙을 보고 느끼게 하실 수 있다. 그러므로 우리는 이런 약속을 사모하되 조건을 붙여야 한다. 즉, 하나님이 보시기에 그것이 우리에게 좋아야 한다.

원리 9. 다시 말하지만, 성령은 "내가 이곳과 그 주민에게 내리는 모든 재앙을 네가 눈으로 보지 못하리라"라고 말씀하셨다. 여기서 알 수 있듯이 **주 안에서 죽은 사람들은 비참한 재앙을 일절 보지 않는다.** 경건한 사람들은 사후에 어떤 재앙도 보지 않는다. 그렇다면 그들은 교황주의자들의 주장과 달리 사후에 연옥에 가지 않는다. 성령께서 이르시기를 요시야를 데려가 장차 임할 재앙을 보지 못하게 하겠다고 하셨다. 그러므로 분명히 하나님의 자녀들은 사후에 비참한 상태, 죽음보다 더 비참한 상태에 빠지지 않는다. 교황주의자들은 말하기를 물론 요시야처럼 훌륭한 사람들이야 천국으로 곧장 간다고 말한다. 하지만 성령은 이사야를 통해 "의인들은 장차 임할 악을 떠나 불리어 가도다"사 57:1, KJV-옮긴이라고 말씀하셨다. 이는 한 세대 전체의 의인들을 두고 하신 말씀이다. 그러므로 그중 일부가 연옥에 간다는 그들의 주장은 미련한 것이다. 하나님은 의인들이 장차 임할 악을 보지 못하게 불려 간다고 분명히 말씀하셨다.

원리 10. 로마 가톨릭은 그 말씀에만 어긋날 뿐 아니라 **성인들에게 하는 기도가 무효하다는 결론에도 어긋난다.** 의인들은 천국에 가기 때문에 우리의 결핍과 비참한 상태를 보거나 알지 못한다. 그들이 불려 가는 이유 자체가 후손에게 임하는 비참한 상태를 보지 말아야 하기 때문이다. 우리의 결핍을 몰라야 할 그들이 어떻게 우리 기도를 듣고 도와줄 수 있겠는가? 우리의 비참한 상태를 모르는 것이 그들의 행복의 일부다. 요시야가 만일 이후에 조국에 임한 처참한 재앙을 천국에서 볼 수 있었다면 그도 고통당했을 것이다. 하지만 요시야는 그것을 보지 못하게 불려 갔다. 그러니 듣지도 못하는 사람들에게 기도의 복된 향과 제사를 드려야 할 이유가 무엇인가? 설령 그들이 일부 들을 수 있다고 가정하자. 유한한 피조물은 행동도 유한하고 힘도 제한되어 있다. 어떻게 한 성인이 수천 명의 기도에 일일이 응답하며 도움을 베풀 수 있는가? 동정녀 마리아에게 바쳐지는 무수히 많은 기도도 마찬가지다. 어떻게 그녀가 모든 기도를 구별하여 듣고 일일이 응답할 수 있단 말인가?

"평안히 묘실로 들어가게 하리니 내가 이곳과 그 주민에게 내리는 모든 재앙을 네가 눈으로 보지 못하리라."

여기 요시야의 죽음에서 우리는 하나님의 섭리의 신비를 배울 수 있다. 섭리의 신비는 선택이나 예정 같은 굵직한 주제에만 있는 게 아니라 평범한 세상사의 질서 속에도 들어 있다. 요시야의 죽음 속에 싸여 있는 놀라운 신비들만 해도 얼마나 많은가! 우선 그는 전쟁 중에 적들에게 죽임을 당했는데 성경은 그가 평안히 죽었다고 말한다. 그의 죽음은 자비이자 또한 징계였다. 징계인 까닭은 그가 너무 서둘러 이집트 왕 바로와 전쟁을 벌이는 과오를 범했기 때문이다. 하지만 그의 죽음은 자비이기도 했다. 이를 통해 그가 장차 임할 재앙을 보지 않게 되었기 때문이다. 덕분에 그는 좀 더 일찍 천국에 갔다. 묘하게도 천국의 지혜는 시련과 은총, 징계와 자비를 하나로 묶을 수 있다. 요시야의 죽음은 그를 천국으로 데려가신 하나님의 자비이자 또한 역대하 35:21-22에 보듯이 그가 이집트 왕 느고와 싸우러 간 과오에 대한 징계였다. 우리에게도 자비와 고난이 동시에 임할 수 있다. 하나님은 하나의 죽음을 통해 요시야의 어리석음을 징계하심과 동시에 그의 겸손에 상을 주셨다.

아울러 우리는 **하나님의 섭리가 이루어지는 방식**에서도 신비를 볼 수 있다. 그분은 인간의 이해를 초월하여 신기하게 약속을 이루신다. 이 경우 그분은 요시야가 평안하게 죽으리라고 약속하셨다. 그렇다면 당연히 화려하고 위엄 있는 죽음이 예상될 만도 하다. 하지만 그의 평안한 죽음은 적들을 통해 찾아왔다. 신기한 방식으로 천국에 간 것이다. 이렇듯 하나님은 자신의 자녀들을 신기한 방식들을 통해 천국에 데려가신다. 고난과 박해 같은 정반대의 방식들로 하실 때도 있다. 바울은 자신이 로마에 갈 것을 알았으나 정작 그 일이 이루어진 방식은 신기했다. 사도행전 27장에서 보듯이 그는 파선과 큰 위험을 겪어야 했다. 하나님은 이상한 방식들로 자신의 뜻을 이루신다. 워낙 신기해서 그 속에서 그분의 손길을 볼 수 있다.

요시야의 죽음과 관련하여 하나님의 섭리에서 볼 수 있는 또 하나의 신비가 있다. **그를 서른아홉밖에 되지 않는 젊은 나이에 데려가셨다**는 사실이다. 그는 나라의 꽃이었다. 지금까지 요시야 덕분에 나라가 융성했고, 앞으로도 그는 얼마든지 많은 선정을 베풀 수 있었다. 나라의 시기로 보나 본인의 나이로 보나 이런 성군을 데려가신 것은 선뜻 하나님의 신비하신 섭리로 믿어지기 어렵다. 하지만 "나의 앞날이 주의 손에 있사오니"시 31:15라고 했다. 그분의 때가 우리의 때보다 낫다. 그분은 백성의 죄가 너무 커서 그들을 더 이상 그냥 두실 수 없음을 아셨다. 그들에게서 요시야를 빼앗아 간 것은 그들 자신의 죄였다. 그를 죽게 한 것은 이집트 왕이 아니라 민족의 죄였다. 그들의 죄 때문에 하나님이 이 길을 택하셔서 은혜로운 왕을 데려가신 것이다.

적용 여기서 우리는 하나님의 지혜에 감탄할 수 있다. 그분은 자신의 행위를 우리에게 설명하지 않으신다. 왜 그분은 어떤 사람들은 살려 두시고 어떤 사람들은 데려가시는가? 왜 악인들을 살려 두시고 자신의 사람들을 데려가시는가? 우리는 그 이유를 잘 모른다. 신비이기 때문이다. 하지만 하나님은 가장 좋은 시기에 맞추어서 자신의 알곡을 거두신다.

"내가 이곳과 그 주민에게 내리는 모든 재앙을 네가 눈으로 보지 못하리라."

원리 11. 이 말씀으로 성령께서 암시하시는 바는 이것이다. 요시야가 살아 있는 동안에는 하나님이 그 땅에 심판을 내리지 않으시다가 그가 죽은 후에야 내리신다는 것이다. 여기서 우리는 위안이 되는 교훈을 얻을 수 있다. **하나님 자녀들의 삶은 그들이 살고 있는 곳에 심판과 재앙을 막아 내며, 반대로 그들의 죽음은 심판의 전조다.** 그들의 삶은 화를 막아 낸다. 그러다 그들이 죽으면 화가 임한다. 하나님은 그들이 살아 있는 동안에는 이곳에 재앙을 내리지 않으시다가 그들이 떠나면 내리시겠다고 말씀하신다. 그 이유는 다음과 같다.

이유 1 **은혜로운 사람들은 자신이 살고 있는 시대와 장소를 선하게 만든다.** 그들이 행한 모범과 도움 때문에 세상이 선해지고, 그들이 살아 있는 동안 그들 덕분에 시대가 더 나아진다.

이유 2 **은혜로운 사람들이 화를 막아 냄은 기도로 하나님을 제지하기 때문이다.** 말하자면 그들은 하나님을 강권하여 세상을 그냥 두시게 한다. 자기들이 살아 있는 동안에는 아무 일도 하시지 못하도록 그분의 손을 묶어 둔다. 그래서 천사는 소돔의 롯에게 "네가 거기 이르기까지는 내가 아무 일도 행할 수 없노라"창 19:22라고 말했다. 그들은 몸으로 하나님을 막아 진노의 대접을 쏟지 못하시게 한다. 하지만 그들이 떠나면 하나님의 정의의 물줄기를 막거나 저지할 것이 없어 그대로 다 방류될 수밖에 없다. 옥수수를 거두어 창고에 들인 사람은 짐승이나 기타 무엇이 밭에 들어가도 상관하지 않고, 집이 무너지기 전에 보석을 꺼낸 사람은 집이 불에 타도 개의치 않는다. 마찬가지로 하나님이 그분의 보석을 모으시고 나면 악한 세상에 화가 임한다. 하나님이 그들에게 진노를 쏟아부으실 것이기 때문이다. 노아가 방주에 들어가자 옛 세상에 화가 임하여 홍수가 났다. 롯이 소돔에서 나가자 소돔에 화가 임하여 다 불타 버렸다. 루터Luther는 자기 평생에 독일 민족에게 전쟁이 없게 해달라고 하나님께 기도했다. 그러나 그가 죽자 온 나라가 전란에 휩싸였다. 또 예루살렘이 함락되기 전에 하나님은 예루살렘 근처의 펠라Pella라는 작은 도시에 그리스도인들을 모으셨다. 그 후에야 로마의 티투스와 베스파시안이 와서 예루살렘 도성을 폐허로 만들었다. 그런가 하면 많은 은혜로운 부모들의 경우, 그들의 생전이 아니라 사후에야 악한 자녀들에게 비참한 종말이 임한다. 하나님은 부모가 자녀의 파멸을 보지 않도록 부모를 세상에서 데려가신다. 이렇듯 선한 사람들은 확실히 자기가 사는 곳에 심판을 막아 낸다.

여기서 우리가 배워야 할 것은 무엇인가?

적용 1 우리는 하나님을 참으로 경외하는 사람들을 귀히 여길 줄 알아야 한다. 그들 덕분에 하나님이 우리를 살려 두시는 것이다. 그들이 어디를 가든 하나님의 복이 따라다닌다. 라반의 집이 야곱 덕분에 복을 받았고창 30:27 보디발의 집이 요셉 덕분에 복을 받았듯이창 39:5 악인들은 주변의 성도들 덕분에 목숨을 건지고 더 잘된다. 그런데 악인들은 대개 어떻게 반응하던가? 악인들은 누구보다도 앞장서서 그런 사람들을 죽도록 미워한다. 하나님을 경외하는 사람들이 진실을 말하여 악인들을 책망하기 때문이고, 그들의 삶과 말 앞에서 악인들의 악이 드러나기 때문이다.

그래서 거룩한 선지자 미가야가 아첨하지 않고 직언하자 아합은 그를 그냥 두지 않았다.^{왕상 22:8 이하} 지금 해외와 그 밖의 다른 곳들에서도 마찬가지다. 악인들은 모든 선한 사람들을 완전히 뿌리 뽑으려 한다. 하지만 그렇게 해서 그들이 얻을 것이 무엇인가? 분명히 지금보다 천배는 더 비참해질 것이다. 선한 사람들이 없으면 그 땅에 당장 화가 임할 것이다.

적용 2 우리는 또한 **선한 사람들을 축복하고 그들을 위해 하나님께 기도할 줄 알아야 한다.** 그들은 우리를 떠받치는 기둥들이다. 그러니 우리도 그들을 잘 떠받치는 게 우리 자신에게 좋지 않겠는가? 인간이 자기 목숨을 부지시켜 주는 기둥을 애써 허무는 것은 얼마나 미친 짓인가! 삼손이 집의 기둥들을 허물자 자신에게 죽음이 임했다. 마찬가지로 경건한 사람들은 이 흔들리는 세상의 기둥이 되어 자신들이 살고 있는 곳을 떠받치고 있다. 하지만 그들이 흔들리면 온 나라가 무너진다. 그러므로 우리는 자신의 적이 되어 제 발로 복을 차서는 안 된다. 경건한 사람들을 미워해서는 안 된다. 그들 덕분에 주께서 우리에게 자비를 베푸시며, 악한 세상에 심판을 쏟아붓지 않으시기 때문이다. 마지막 추수철이 되어 하나님의 선민들이 한데 모아지면 악인들에게는 사상 최악의 재앙이 임할 것이다. 여기서 분명히 보듯이, 경건한 사람들은 살아 있는 동안 재앙을 막아 내고 많은 유익을 끼친다. 하나님이 세상을 지속시키고 계심이 악인들 덕분인가? 천만의 말이다. 그런 지독한 악인들에게서 하나님이 무슨 영광과 영예를 얻고 계시는가? 오히려 그들은 욕하고, 거짓말하고, 더럽게 살고, 하나님의 자녀들을 학대하지 않는가? 그런 그들 때문에 하나님이 세상을 지속시키고 계시다는 말인가? 어림도 없는 소리다. 심판이 지연되어 세상이 지속되고 있음은 경건한 사람들 덕분이다.

적용 3 그렇다면 우리는 선한 사람들의 죽음을 애통하는 것이 당연하다. 그들이 사라지면 우리의 안전도 사라지기 때문이다. 그들은 "이스라엘의 병거와 그 마병"이다.^{왕하 2:12} 그러므로 우리는 그들의 죽음을 한없이 슬퍼해야 한다. 그래서 예레미야는 요시야의 죽음을 애통했다. 요시야의 숨이 끊길 때 나라의 목숨도 함께 끊겼다. 융성하던 예루살렘도 요시야와 함께 죽어 같은 무덤에 묻혔다.

여기서 다시 보듯이 하나님은 우리가 육신의 팔^{대하 32:8-옮긴이}에 너무 의지하는 것을 책망하신다. 요시야 시대의 백성은 마치 자신들에게 어떤 재앙도 임하지 않을 것처럼 무사태평했다. 그것이 예레미야 애가 4:20에 잘 나와 있다. "우리의 콧김 곧 여호와께서 기름 부으신 자가 그들의 함정에 빠졌음이여. 우리가 그를 가리키며 전에 이르기를 우리가 그의 그늘 아래에서 이방인들 중에 살겠다 하던 자로다." 우리의 안전을 인간에게만 의지하고 하나님께로 진지하게 돌이키지 않는다면, 우리 자신에게나 우리가 의지하는 대상에게나 그보다 더 큰 해악은 없다.

"내가 이곳과 그 주민에게 내리는 모든 재앙을 네가 눈으로 보지 못하리라."

요시야가 평안히 죽어야 했던 이유는 하나님이 그곳에 내리시는 모든 재앙을 그의 눈으로 보지 않아야 했기 때문이다. 보시다피 하나님이 교회와 나라에 경고하신 심판이 "재앙"이라는 단어로 표현되어 있다. "내가 이곳과 그 주민에게 내리는 모든 재앙을 네가 눈으로 보지 못하리라." 그렇다면 이 재앙은 누가 보내는 것인가? 하나님이 보내신다. 그래서 그분은 "내가……내리는 재앙"이라 하셨다. 물론 이 경우는 하나님이 직접 하신 게 아니고 느부갓네살을 통해서 하셨다. 그가 요시야의 아들들을 포로로 잡아갔다. 하지만 궁극적으로는 하나님이 하신 일이다. 선지자는 "여호와의 행하심이 없는데 재앙이 어찌 성읍에 임하겠느냐"암 3:6라고 말했다. 그래도 우리는 재앙을 구별해야 한다.

재앙에는 1. 죄의 재앙이 있고 2. 심판의 재앙이 있다.

우선, 죄의 재앙은 하나님이 내리시는 게 아니다. 그분은 그것을 가증하게 여기신다. 다음으로 심판의 재앙에는 두 가지가 있다.

(1) 기근이나 역병 등과 같이 하나님에게서 직접 오는 재앙이

있다. 이런 벌을 받을 때는 하나님께만 엎드리면 된다.

(2) 하나님에게서 오되 사람을 통해서 오는 재앙이 있다. 인간을 도구로 쓰셔서 우리를 벌하시는 것이다. 전쟁이나 잔인한 학대 등이 여기에 해당한다.

인간을 통해서 오는 하나님의 징벌이야말로 우리가 이생에서 당할 수 있는 최악의 재앙이다. 그런데 요시야는 그 재앙에서 벗어났다. 하나님만 상대해도 될 때는 다윗의 경우처럼 그분의 마음을 돌이키려는 노력이 그나마 더 쉽다.삼하 24:14 하지만 무자비한 인간을 상대할 때는 하나님의 분노 외에도 인간의 독한 악의까지 상대해야 한다. 하나님에게서 직접 오는 재앙은 주로 다음과 같다.

사후에 영혼을 덮치는 재앙이 있는가 하면, 생전과 사후 모두에 몸과 영혼을 통틀어 전인을 덮치는 재앙도 있다.

그래서 하나님은 죄의 재앙이 아니라 심판의 재앙을 내리신다고 말씀하셨다.

원리 12. 여기서 배우듯이 **우리가 당하는 재앙은 죄의 재앙에서 비롯된다.** 죄 때문에 하나님이 피조물에게 재앙을 내리시는 것이다. 우리가 하나님을 우러러본다면 세상에 재앙이 없다. 그분이 관여하시는 한 모든 것이 선하기 때문이다. 그러므로 피조물이 당하는 모든 재앙은 근본 원인인 죄의 재앙에서 비롯된다. 하나님에게서 오되 그분을 노엽게 한 죄의 재앙을 통해서 온다.

질문 여기서 이런 질문이 나올 수 있다. 선하신 하나님이 어떻게 악한 재앙을 내리실 수 있는가?

대답 내 대답은 이렇다. 우리는 징벌의 재앙이 곧 선한 정의임을 알아야 한다. 하나님이 내리시는 모든 재앙은 선하다. 그분의 정의로운 징벌에서 비롯되기 때문이다. 그분의 징벌은 그것을 받는 사람들에게 오히려 유익하다. 징벌을 통해 그들이 돌이킬 수도 있고, 혹시 돌이키지 않는 경우에는 그들을 정의롭게 정죄하시는 하나님의 영광이 드러난다. 그래서 이것은 선한 정의다. 하나님은 그런 일이 시행되도록 허용하실 뿐 아니라 어떤 때는 실제로 그 행위에 관여하신다. 그래서 하나님은 "앗수르 사람은……내 진노의 막대기요"라고 말씀하셨다.[13] 이렇듯 몸에 대한 징벌이든 영혼에 대한 징벌이든 모든 징벌에는 하나님이 관여되어 있다.

적용 여기서 우리가 얻는 지침이 있다. **출발점을 바로 알아야 한다**는 것이다. 고통을 겪을 때마다 우리는 부차적 원인들을 찾아갈 게 아니라 하나님께로 나아가 그분과 화목해야 한다. 모든 징벌의 재앙은 그분에게서 오기 때문이다. 그러므로 재앙이 두렵거든 회개와 새로운 순종으로 하나님과 화목해야 한다. 그러면 그분이 모든 부차적 원인들을 초월하여 우리를 도우실 것이다. 간수나 형 집행자에게 가지 말고 재판관에게 가라. 먼저 천국과 화목하면 머잖아 위에서 우리를 평안히 두라는 명령이 내려올 것이다. 과연 그리스도는 바람과 바다에게 명하여 잠잠하게 하실 수 있고, 마귀에게 명하여 입을 막으실 수 있다. 하지만 그러려면 먼저 우리가 그분과 화목해야 한다.

그러므로 우리도 이 교훈을 배우자. 하나님이 우리를 징계하고자 쓰시는 도구 때문에 안달하지 말자. 다윗은 시므이가 악담을 퍼부을 때 그것을 뼈저리게 배웠다. "여호와께서 그에게 명령하신 것이니 그가 저주하게 버려두라."삼하 16:11 거룩한 욥도 "주신 이도 여호와시요 거두신 이도 여호와시오니"욥 1:21 라고 말했다. 주신 이만 여호와시라고 말한 게 아니라 거두신 이도 여호와시라고 했다. 하지만 실제로는 갈대아 사람들이 거두어 간 것이 아닌가? 아니, 그것은 중요하지 않다. 하나님이 허락하셨기에 그들이 그리할 수 있었다. 그러므로 우리는 모든 환난 중에 인내하며 하나님의 능하신 손 아래 복종해야 한다. 모든 징벌의 재앙은 그분에게서 온다.

반문 여기 하나님의 섭리라는 또 다른 신비가 있다. 그래서 이런 반론이 나올 수 있다. 그것이 무슨 말인가! 하나님이 자신의 교회와 백성에게 재앙을 내리신단 말인가? 그분의 이름이 불리는 곳과 성전을, 그것도 우상숭배자들을 통해 징벌하신단 말인가? 하나님의 의는 어디로 갔는가?

대답 내 대답은 이렇다. 하나님께 따지지 말고 그분의 손에서 저울을 빼앗지 말라. 우리에게 무엇이 더 좋은지 우리 자신보다 그분이 더 잘 아신다. 하나님을 우리의 대변인으로 부려서는 안 된다. 오히려 장차 우리 모두가 그분 앞에 출두할 것이다. 하나님은 종들과 노예들을 통해 자기 자녀들을 징계하신다. 자기 백성보다 더 악한 사람들을 통해 자기 백성을 징계하신다. 그분의 사람들이 죄를 지으면 하나님은 으레 그렇게 하신다. 많은 경우에 악인들이 징계의 도구로 쓰여 악인을 선하게 만든다. 여기서도 하나님은 악인들을 통해 자기 자녀들을 선하게 만드신다. 그래서 앗수르라는 막대기를 만들어 자신의 악한 자녀들을 더 나아지게 하신다. 그분은 노예들을 통해 자기 자녀들을 징계하신다. 천사들이나 선한 사람들이 하기에는 그것이 너무 천한 일이기 때문이다. 그래서 그분은 마귀와 그의 졸개들을 부려 그 일을 하신다. 그러므로 우리는 하나님의 섭리를 의심해서는 안 된다. 그분은 자기 백성을 징벌하시려면 이집트나 앗수르 같은 더 악한 백성에게 신호를 보내실 수 있다. 마찬가지로 그분은 잉글랜드를 징벌하시려면 덴마크나 노르망디에 신호를 보내 자기 백성을 징벌하실 수 있다. 우리는 우리가 하나님의 백성이고 그들은 우상숭배자들이라며 자랑해서는 안 된다. 아니, 하나님은 더 천한 백성에게 신호를 보내 자신의 성도들을 징벌하실 수 있다. 그렇게 조치하시는 것이 하나님의 뜻이며, 하나님의 뜻이 최고의 의$^{summa\ justitia}$다. 하나님은 반드시 그렇게 하신다. 그러므로 우리는 그분과 화목해야 하며, 왜 이렇게 저렇게 하시느냐고 따져서는 안 된다.

"이에 사신들이 왕에게 복명하니라."

여기에 대해서는 간단히 말하고 그치려 한다.

보다시피 사신들은 요시야를 충실히 대했다. 그들은 여선지자의 솔직한 메시지를 그대로 전했다. 메시지는 요시야에게는 좋은 내용이었지만 나라에는 음울한 내용이었다. 요시야는 은혜로운 사람이었고, 그래서 하나님이 그에게 은혜로운 종들을 주셨다.

원리 13. 하나님은 선인에게는 충실한 종들을 주셔서 그를 충실히 대하게 하시지만, 악인에게는 비위를 맞출 종들을 주셔서 그를 멸망에 빠뜨리게 하신다. 아합처럼 진리를 들을 마음이 없는 악인이라면 400명의 거짓 선지자들이 와서 그를 파멸의 길로 이끌 것이다. 하지만 요시야는 마음이 정직했고 진리를 알고자 했다. 그래서 하나님은 그에게 충실한 여선지자를 주셔서 그를 진실로 대하게 하셨고, 충실한 사신들을 주셔서 진실한 답변을 전하게 하셨다.

"왕이 사람을 보내어 유다와 예루살렘의 모든 장로를 불러 모으고 여호와의 전에 올라가매 유다 모든 사람과 예루살렘 주민들과 제사장들과 레위 사람들과 모든 백성이 노소를 막론하고 다 함께 한지라."

이 말씀에는 요시야 왕이 메시지를 받고 나서 어떤 선을 행했는지 나와 있다. 메시지를 전해 듣자마자 그는 은혜로운 왕다운 행동을 취했다. 행여 반응이 식어질세라 자신의 마음이 동했을 때 곧바로 시행에 옮겼다. 즉, 그는 사람을 보내 유다의 모든 장로들과 예루살렘의 노소 주민들을 불러 모았다. 그래서 그들은 여호와의 전에 올라갔고, 여호와의 전 안에서 발견한 언약 책의 모든 말씀을 거기서 낭독했다.

우선 보다시피 요시야는 이를테면 국회와 회의를 소집했다. 또한, 요시야와 백성에게서 나라의 훌륭하고 아름다운 화합도 볼 수 있다. 왕과 제사장들과 레위 사람들과 백성이 모두 흔쾌히 모였다. 왕과 백성 사이에 이런 화합이 있었으니 참으로 좋은 시절이었다. 왕이 명하자마자 그들은 순종했다.

하지만 여기서 우리가 더 구체적으로 배워야 할 것이 있다.

원리 14. 왕의 본분은 국가와 교회를 돌보는 것이다. 군주는 국가뿐 아니라 교회도 개혁할 자격이 있다. 왕이 국가만 돌보면 된다고 생각하는 세대가 있다. 하지만 왕은 신앙을 보살필 권한도 받았다. 보다시피 요시야는 그렇게 했다. 그는 둘 다의 수호자였다. 신앙에 대한 책임도 그의 직무였고 수장의 지위에 걸맞은 일이었다. 그는 국부이므로 세속 국가만 아니라 교회도 돌보아야 했다.

아우구스티누스 시대의 도나투스파는 황제가 교회와 무슨 상관이 있느냐고 반문했다. 하지만 그 답은 황제가 교회를 통치하지 않고는 국가를 통치할 수 없다는 것이었다. 교회도 하나의 나라이기 때문이다. 이렇듯 신앙 문제를 다스리는 주된 권리야말로 군주의 책임이다. 다만 신앙에도 두 가지 부류의 일이 있다.

첫째는 설교, 성례 집행, 사역자 안수 등과 같이 교회 내적인 고유한 일이 있다. 이런 일은 왕이 해서는 안 된다. 하지만 교회 외적인 일은 왕의 권한이다. 예컨대 교회나 국가에 임명된 사람이 직무를 소홀히 한다면 마땅히 왕이 그를 징계해야 한다. 왕은 모든 외적인 일을 총괄하고 악습을 제거해야 한다. 하지만 앞서 말한 교회 내적인 일에는 간섭해서는 안 된다. 왕은 교회 내적인 일을 직접 수행하는 사람이 아니라 그것의 수행을 맡은 자들과 수행 과정을 감독하고 통치하는 사람이다.

교황이 이 권한을 찬탈하는 것은 원리에 어긋난다. 보다시피 요시야 왕은 최고의 자리에 있었고, 세속인들뿐 아니라 종교인들까지 다 더한 모든 사람 위에 있었다. 당시에 대제사장과 레위 사람들도 있었지만, 요시야 왕보다 높은 사람은 없었다.

질문 하지만 교황주의자들은 그것이 율법 시대의 일이라고 말한다.

해답 1 내 대답은 이렇다. 이것은 하나님의 원리이며, 자연법과 이성법은 복음 때문에 효력을 잃거나 해체되지 않는다. 그러므로 그때의 군주가 최고의 자리였다면 분명히 지금은 훨씬 더 그렇다. 그래서 어떤 사람은 이렇게 말했다. "우리는 하나님 다음으로 황제를 공경한다. 하나님이 첫째이고 그다음이 황제다."[14] 물론 사역자들은 군주에게 조언과 지도를 베풀 권한이 있다. 하지만 그렇다고 그들이 군주보다 높은 것은 아니다. 의사가 환자에게 지시한다 해서 환자보다 높은가? 건축가가 왕궁의 건축을 지도한다 해서 최고의 자리에 있는가? 마찬가지로 사역자가 군주에게 조언과 지도를 베풀 수 있다 해서 군주보다 지위가 높은가? 전혀 그렇지 않다.

해답 2 본문에서 국회를 소집한 사람이 누구인지 보라. 제일 먼저 움직여 회의를 소집한 사람은 요시야 왕이었다. 그가 수장이기 때문이다. 머리보다 발이 먼저 움직인다면 이상하지 않겠는가? 먼저 머리가 지시를 내려야 다른 지체들이 움직일 수 있다. 그러므로 회의를 소집하는 것은 오직 왕의 권한이다. 왕에게서 권한을 받지 않고는 누구도 공회를 소집할 수 없다.

회합의 소집은 군주의 권한이다. 총회라면 황제가 해야 하고, 국가 회의라면 그 나라의 왕이나 군주가 해야 하고, 지방 회의라면 최고 권력자인 왕이나 군주로부터 권한을 위임받은 사람이 해야 한다. 이들은 다 이 땅을 다스리도록 하늘이 세운 권세들이다. 천국과 이런 권세들이 먼저 움직여야 다른 모든 것이 뒤따라 움직인다. 요컨대 왕이 먼저 움직여야 모든 사람이 따라간다.

적용 1 그렇다면 교황이 이 권리를 사칭하여 자기 앞으로 회의를 소집하는 것이 얼마나 잘못된 일인지 알 수 있다. 이것은 엄연히 황제의 권리다. 알다시피 그리스도 이후로 천 년 동안에는 혹시 회의가 있을 때면 황제가 회의를 소집했다. 그런데 근년 들어 교황이 황제의 자리를 침범하여 회의 소집의 권리를 찬탈했다. 하지만 알다시피 군주의 권한이 없이는 어떤 회합도 있을 수 없다.

금식이 비록 훌륭한 일이지만 왕의 승낙이 없이는 공적 금식은 안 된다. 사적 금식이야 그리스도인들이 얼마든지 해도 되고 그로써 자신을 낮출 수 있다. 하지만 공적 금식은 왕의 승낙이 없이는 안 된다. 큰일일수록 큰 협력을 요하는 법이다. 회의를 소집하는 것은 큰일이다. 그래서 머리와 온몸이 서로 단합해야 한다. 우리 몸이 어떤 큰일을 하려면 몸의 모든 지체가 힘을 합해야 한다. 국가도 마찬가지다. 큰일이 닥치면 모두가 서로 협력해야 한다. 그래서 본문에도 왕과 제사장들과 레위 사람들과 노소 주민들이 모두 한데 모여 경고된 심판을 막고자 했다.

하지만 일이 잘못되면 어찌할 것인가? 내 대답은 이렇다. 바른 방법을 취하라. 하나님께 가서 기도하는 것이다. 왕의 마음은 여호와의 손에 있으니 그분께 간구하라. 군주의 마음을 감화하고 움직이셔서 해악을 개혁하도록 기도하라. 그렇다면 요시야 왕은 유다와 예루살렘의 모든 장로들과 주민들을 여호와의 전에 모아 놓고 무엇을 했는가? 그들은 그곳에 올라가 금식하고 기도하고 율법 책을 낭독했다.

개혁은 모든 외적인 일들에 선한 질서를 잡아 준다. 하지만 그것은 오직 군주의 권한을 통해 선포되어야 하며, 때와 경우에 맞게 이루어져야 한다.

교황주의자들은 트렌트 공의회^{1545-1563년-옮긴이}를 자랑하기에 바쁘지만, 여태까지 그리스도를 대적한 모의가 있었다면 바로 그 회의 중에 있었다. 그 회의의 판결권자들이야말로 가장 잘못을 저지른 무리였고, 가장 비난받는 무리였고, 정작 재판받았어야 할 무리였다. 성령께서 회의 중에 계셔서 그들의 재판관이 되셔야 했건만 그들은 성령을 제외시켰고, 대신 로마에서 작은 상자에 담아 보내온 적그리스도의 더러운 영을 받아들였다. 모든 권고 사항이 그 상자 속에 들어 있었다.

요컨대 요시야는 국가적 혼란과 위험의 시기에 회의를 소집했다. 여기서 우리가 배울 것이 있다. 교회와 국가 모두의 해악을 개혁하기 위해 회합과 회의를 소집하는 것은 적법할 뿐 아니라 많은 경우에 꼭 필요한 일이다. 그렇지 않으면 해악이 철폐될 수 없다. 이렇듯 회의는 법규와 규정을 제정하고 이단을 예방하기에 좋은 방법이다. 선한 목적과 교회의 유익과 하나님의 영광을 위해 모인다면, 회의 소집을 통해 많은 선을 이룰 수 있다. 선을 행하실 의향과 능력을 겸비하신 하나님이 그 속에 강력하게 임재하시기 때문이다. 그리스도는 선한 목적으로 "두세 사람이……모인 곳"에 성령으로 함께 계시겠다고 약속하셨다. 그렇다면 200-300명이 그렇게 함께 모인 곳에는 얼마나 더 함께하시겠는가? 하지만 그런 회합은 당국의 승낙 아래 이루어져야 한다. 그렇지 않으면 정부에 대한 탄핵이 된다.

이 본문에 대해 이번에는 이 정도로 간략히 살펴보았다.[15]

주

1. *Works of Richard Sibbes*, 7 vols., Alexander B. Grosart ed.(Edinburgh, 1862-1864; reprint ed., Edinburgh: Banner of Truth, 1973-1982), 6:113.
2. 위의 책, 6:113.
3. 위의 책, 2:24.
4. John Rogers, *Ohel or Bethshemesh, A Tabernacle for the Sun*(London, 1653), 410.
5. "내준다"는 뜻이다. 참고로 딤전 1:20에 쓰였다.
6. 1605년의 화약 음모 사건(Gunpowder Plot)에 빗댄 표현이다. 악명 높은 가이 포크스(Guy Fawkes)를 비롯하여 잉글랜드 지방의 로마 가톨릭 집단이 잉글랜드 왕 제임스 1세(스코틀랜드의 제임스 6세)를 암살하려다 미수에 그친 사건이다.
7. 그의 『고백록』(대한기독교서회)에서 되풀이되는 말이다.
8. 원문의 여백에 "참으로 죄를 미워하는 마음의 표시"라는 글귀가 적혀 있다.
9. 스코드라(Scodra)가 포위되었을 때 술탄이 고뇌 중에 한 행동을 두고 한 말일

것이다. 청교도들에게 술탄은 "광포한 이슬람교도"였다. 스 9:3에 대한 트랩(Trapp)의 주석 등 여러 자료를 참조하라.

10. 어머니 모니카가 죽었을 때 아우구스티누스가 한 말이다.

11. 그의 서신에 자주 나오는 말이다.

12. 네로가 한 말인지 확실하지 않다.

13. 사 10:5.

14. Tertullian, *Apology*, c. xxxiii-xxxvi. 참조

15. 이 책의 모든 설교에 외국의 전쟁과 그에 따른 재앙이 자주 암시된다. 이는 십스의 공적 생애 전체와 시대적으로 겹치는 삼십년전쟁(1618-1648)으로 풀이할 수 있다.